日本哲学の最前線

山口 尚

講談社現代新書

2627

はじめに　日本哲学の最前線＝「J哲学」

J哲学とは何か

この本は「J哲学」という日本哲学の最前線を紹介する。

J哲学とは何か。それは――とっかかりの要点を言えば――音楽におけるJ－POPの哲学での対応物である。音楽界において世界と伍するJ－POPがあるように、哲学界には同じく世界と伍するJ哲学がある。Japan の Philosophy を略して「J哲学」と呼ぶ、ということだ。本書は《J哲学でどのような思索が展開しているのか》にかんする最新の情報を読者へコンパクトに伝えることを目指す。

具体的には本書は、日本哲学の最前線たるJ哲学の六人の旗手、すなわち國分功一郎・青山拓央・千葉雅也・伊藤亜紗・古田徹也・苫野一徳のそれぞれの思想を紹介する。この点で本書は、日本哲学の最も新しい展開を追うための入門的著作でもある。

とはいえ本書は、いま挙げた六人の哲学者の各々の独創性を説明することに加えて、《最新の日本哲学が全体として何に取り組んでいるのか》も論じる。じつに――本書全体を通して明らかになるように――J哲学の旗手たちの思索には人間の「不自由」へ目を向けるという共通の視座がある。すなわち、単純に「自由」を希求するのではなく、人間の避けがたい不自由を直視したうえで可能な自由を模索するのである。

J哲学の二〇一〇年代は「不自由論」の季節であった。ただしその議論は、人間の不自由を強調してばかりの悲観的露悪ではなく、真に自由であるために不自由を無視しないという〈自由のための不自由論〉である。ここ一〇年ほどの日本哲学のクリエイティブなシーンを〈自由のための不自由論〉として理解する——これもまた本書の目標のひとつである。

「はじめに」の残りの箇所では、いま述べたことをもう少し踏み込んで説明しよう。

輸入と土着の区別を超えて

以下まず《J哲学とは何か》をもう少し詳しく説明し、そのうえでJ哲学のこれまでを語りたい。それによって本書を読み進めるさいのバックグラウンドが形成されるだろう。

「J哲学」はウィトゲンシュタイン研究で有名な鬼界彰夫が使い始めた概念である。それはJ‐POPのアナロジーであり、哲学におけるJ‐POPの類比物だ。ではJ‐POPとはどのようなものか。

何を措いても押さえるべきは、J‐POPは——「J」のイニシャルを冠しているが

――必ずしも「日本的な」ものにこだわらない、という点である。むしろＪ‐ＰＯＰの担い手たちは世界に通用するポピュラーミュージックという普遍的なものに取り組んでいる。例えばサザンオールスターズは数十年来のＪ‐ＰＯＰの旗振り役だが、このバンドは《日本的なものを歌に取り入れるぞ！》などと意図しない。このようにＪ‐ＰＯＰは、〈和風のポピュラーミュージックを実践する〉という営みではなく、〈普遍的なポピュラーミュージックへたまたま私たちの言語である日本語で取り組む〉という営みである。

Ｊ哲学についても同じことが言える。もちろん「日本的な」ものへのこだわりに導かれた哲学もあり、それが「日本哲学」と呼ばれることがある。この文脈では土着の「日本哲学」と、輸入された西洋哲学とが区別される。とはいえ「Ｊ哲学」と呼ばれる日本哲学の最前線は《日本的なものを哲学に取り入れるぞ！》などの志向をもたない。むしろ、「輸入」と「土着」の区別を超えて、限定修飾句なしの「哲学」に取り組むのがＪ哲学である。そしてそれがたまたま私たちの言語である日本語で行なわれるために「Ｊ」が冠されているのである。

話がここまで進めば「Ｊ哲学」という馴染みのない語を用いる必要性も明らかになる。たしかにすでに「日本哲学」という言葉が存在しているが、この語は「日本的な哲学」というニュアンスをもち、私たちはついついそこに〈和へのこだわり〉を見て取ってしまう。とはいえ、日本的なものへのこだわりなしに日本語でポピュラーミュージックに取り組むJ‐POPが存在するように、《日本の独自性を活かそう》などとは考えずに日本語で哲学に取り組む営みも存在する。これはJ‐POPと類比的に「J哲学」と呼ばれるべきものだ。[*]

二〇世紀の終盤以降、このタイプの哲学者――すなわち輸入／土着の区別を超えて「普遍的な」哲学へ取り組む者――は複数出現している。例えば先に触れた鬼界は野矢茂樹の『哲学・航海日誌』（春秋社、一九九九年／Ⅰ・Ⅱ巻、中公文庫、二〇一〇年）を「J哲学」の作品と見なしている。あるいは私がすぐに思いつくところでは入不二基義、内田樹、大庭健、小泉義之、田島正樹、永井均、中島義道、檜垣立哉、森岡正博、鷲田清一などがそれぞれ（ひとによってはパートタイム的に）いま述べた意味のJ哲学に取り組んできた。

ちなみに挙げられるのがすべて男性なのは哲学界（広くは日本社会）に深く根づいた制度的なジェンダー差別の結果である。政府・文科省・大学・諸々の哲学会はこの異常な現状を正すために〈ジェンダーによらず公平にキャリアを積むことができる環境〉の整備に努めねばならない。

「和」の更新

Ｊ－ＰＯＰを鑑賞する楽しさは多くのひとが知っているだろうから、そのアナロジーで〈Ｊ哲学の楽しみ方〉も理解できる。クラシックの演奏と異なり、Ｊ－ＰＯＰのアーティストは自分の顔を具えた旋律をかなで、自分の表情をもつ歌をうたう。結果として、Ｊ－ＰＯＰの鑑賞においては、メロディや歌詞のうちにアーティストそのひとを味わうことになる。同じことがＪ哲学においても成り立つ。宇多田ヒカルの歌を楽しみたいときは宇多田を聴くしかないのと同様に、永井均の哲学を楽しみたいときは永井を読むしかない。本書ではＪ哲学におけるアーティストとしての哲学者が紹介されるだろう。

もちろん、Ｊ－ＰＯＰが日本語で行なわれる以上、その所業は「和もの」と分類されざるをえない。とはいえ、私たちが米津玄師や大森靖子に「日本性」を見出すとしても、それは事後的なことにすぎない。すなわち、Ｊ－ＰＯＰの担い手たちはいわば現代的な「和」を生成変化させるという営みに参与しているのであり、決して前もって存在する「日本性」が意図的に取り入れられているのではない。

そうなると《彼らや彼女らの成果を敢えて「日本的」と見なす必要はあるのか》という問いは成り立つが、これに対する答えは次だ。すなわち、日本という歴史的－地理的コンテクストのために、私たちの創造的活動は（少なくともその一面において）「和の更新」と意味づけられる[**]、と。私はこうした文脈的制約を必ずしも悪いものだとは思わない。なぜならそのおかげで「日本的」という表現が不断に活性化されるからだ。

ここでもJ哲学について同様のことが言える。一方でJ哲学の担い手は〈和へのこだわり〉を有さないのだが、他方でその思索は事後的に「日本的」と見なされうる。そして、あくまで事後的にだが、《或る時代の「和もの」はどのような特徴をもっていたのか》も有意味に語られる。

本書では二〇一〇年代のJ哲学という日本哲学の最新の段階が取り上げられるのだが、この一〇年間の日本の哲学者は「不自由」というものにこだわってきた。二〇一〇年代のJ哲学は〈不自由へ目を向けること〉で特徴づけられる、というのが本書を通じて明らかになることだ。ただし、先にも触れたが、ここでの不自由への眼差しは人間の暗黒面の露悪的強調ではない。視線の先には〈自由〉がある。真に自由になるために、私たちを縛るものと向き合う――これがJ哲学の旗手たちの取り組んできたことだ。

アーティストとしての哲学者

徐々に〈J哲学のこれまで〉へ話を進めていきたい。

J哲学の来し方を語ろうとするとき、〈J哲学とそれ以外の区別〉の理解も深まる。はたして土着／輸入の区別を超えて「哲学」そのものに取り組むという営みは日本においてどのように進展してきたか。

この問いへもアナロジーで答えたい。Ｊ-ＰＯＰの歴史を語ろうとするとき、佐野元春や松任谷由実の名へ言及しないわけにはいかないが、その理由は《これらの人物が音楽文化のいわばポピュラーな領域で有名であるとともに、自らの顔を具えたパフォーマンスを行なっているから》である。Ｊ哲学のこれまでを語るときも話は似たようなものだ。すなわちそのさいには、哲学文化の「ポピュラーな」領域で名をあげているとともに、自らの顔を具えた思索を行なう者たちのスレッドを追うことになる。

日本の哲学の言説には複数のタイプがあるが、ここで対比したいのは〈海外の哲学者の議論を紹介する文章〉と〈アーティストとして自分の表現を彫琢（ちょうたく）する文章〉である。これらふたつのあいだに優劣の区別はなく、またその両方にまたがるような著作も存在するが、いずれにせよこの二種類はふたつの極を形成する。そしてこの二極が形成するスペクトラムは哲学的作品の各々を左端と右端のあいだのいずれかの位置に置く。Ｊ哲学の「歴史」は、この分類において、アーティスト成分の多い側の書き物へ焦点を合わせる。なぜならそこに哲学界の「佐野元春」や「松任谷由実」がいるからだ。

私自身について言えば、二〇一〇年代の前半まで〈海外の哲学者の議論を紹介する文章〉を書いてきた。またその時期までは他人の著作についてもこのタイプのものを読んで勉強してきた。とはいえ二〇一四年の初めくらいにこの種の文章に飽き足らなくなってきた。それは——私的な話だが——《これまでと同じ哲学を続けていて満足か》と悩み始めたことと呼応する。私は別のスタイルの言説に触れたいと思った。そしてしばらくして気づいた。すでに別のタイプの文章の歴史的蓄積があることに、すなわち〈アーティストとしての哲学者の文章〉の日本的系譜があることに。

J哲学のフロントランナーたち

先述の鬼界は大森荘蔵を〈J哲学に先立ってその土台を形成した哲学者〉と見なしており、この捉え方に正当な理由がある。じっさい彼が著述活動を始めた頃は輸入と土着の区別が鮮明であった。とはいえ大森は、少なくともそのキャリアのいずれかの段階から、J哲学の実践者になったと言える。

この哲学者は一九七六年に公刊された『物と心』で独自のいわゆる「立ち現れ一元論」を提示する。この著作は大森という個性の息吹で満たされており、それは（純粋な学術書というよりも）アートの意味の「作品」だと言える。大森の文章は次世代の書き手の幾人かへ「スタイル的な」影響を与えたはずだ。自分の言葉を洗練させることが哲学として結晶しうるのだ、と。

本質的な感化があったのだろうか、いわゆる大森門下の面々は「J哲学」に分類される文章を書くようになる。すなわち——すでに挙げたひとの中だと——行為や社会などの人間的事象へシステム論的な観点から切り込む大庭健、本来的な自由のために近代的な自然主義に抗する田島正樹、死をめぐる実存的困惑から哲学を立ち上げる中島義道、「眺め」の概念によって意識の内面モデルを乗り越えようとする野矢茂樹である。彼らの活動は、別の出自において「J哲学的な」作品を世に問う哲学者たち、すなわち〈私〉の哲学を展開する永井均や「真理」などの根本概念の織り成す運動を記述する入不二基義らと相互に影響し合う。その結果、他所では読めない一群の日本哲学的言説が生まれることになった。

二〇一四年の中ごろから私が熱心に読んだのはこれらの哲学者の著作だ。それぞれがそれぞれの仕方で思索しているので、私は哲学の多様な個性を知ることになる。加えて彼らの文章を読むことは〈自分の表現を彫琢すること〉の修練にもなった。

さらに時を経て気づいたことだが、大森門下とその周辺以外にも、「J哲学」と括られうる営みがある。〈アーティストとして自分の表現を彫琢する〉というのはときに突然変異的に出現する知的類型なのかもしれない。

現象学の硬派な研究に身を捧げてきた鷲田清一は或る時期から専門用語を最小限にとど

め彼ならではの柔らかい言葉を綴るようになった。あるいはレヴィナスやラカンなどのフランス現代思想を文字通り「身につけた」うえで現代的な話題をキャッチーな仕方で論じる内田樹、死や病気などの「生々しい」テーマを権力への批判的眼差しのもとで論じる小泉義之、人生が具える「賭け」の側面を掘り下げる檜垣立哉、ウィトゲンシュタイン研究を背景としつつも独特な直感に導かれて独自の「生命学」を展開する森岡正博など、J哲学の書き手は少なくない。

自由のための不自由論

大森門下とその周辺あるいはその他の流れのJ哲学の担い手について思想史的に論じうることはたくさんあるのだが、ここでは本書の内容に関わる最重要の事柄として次の一点だけを指摘したい。すなわち、ゼロ年代までさまざまなアクターがそれぞれ枝流のように実践していたJ哲学は二〇一〇年代に「ひとつの大きな流れ」と見なしうる思潮に発展した、と。

本書はこの最新の展開をテーマとする。すなわちこの本は國分功一郎・青山拓央・千葉雅也・伊藤亜紗・古田徹也・苫野一徳という二〇一〇年代に哲学界のポピュラーな領域で頭角をあらわした哲学者の代表格を取り上げるが、この六人は——何度か触れたとおり

――人間の不自由へ目を向けるという根本視座を共有する。そしてその共通視座において相互に関連する自由論を提示するのである。Ｊ哲学のこうした流れを〈自由のための不自由論〉という核心的精神において叙述する、というのが本書のやりたいことだ。

〈Ｊ哲学のこれまで〉の話をまとめよう。

戦後に時期を限定してもＪ哲学の歴史はそれなりのスパンをもつ。大森荘蔵および大森門下とその周辺の哲学者はそれぞれ自分の顔を具えた作品を提示してきたし、現象学やフランス思想をバックグラウンドとした哲学的アーティストたちもいる。こうしたひとたちの取り組んできた多岐にわたる企てを歴史的に記述することはたいへん大きな仕事であろうから、今後の課題とさせていただきたい。本書は日本哲学史の全体像を描くさいの踏み台となる作業へ焦点を絞る。それは二〇一〇年代のＪ哲学という、まとまりのある最新の思潮を論じるという作業だ。

本書の構成――哲学者たちの共鳴空間

この本の構成を前もって説明しておこう。

本書は――先にも述べたが――國分功一郎・青山拓央・千葉雅也・伊藤亜紗・古田徹也・苫野一徳のそれぞれの哲学を順に論じる。なぜこの順番かといえば、私は《六人の考えを体系的に理解するためにベストな順序だからだ》と答えたい。本書は決して複数の哲学者の立場を羅列的に並べあげるものではない。むしろ〈自由のための不自由論〉という観点のもとで六人の思想を「有機的な」連関のうちに置くことを目指す。それゆえ、一方でこの本はひとつの章を切り離して読むこともできるが、他方で私は〈初めの章から順番に読んでいくこと〉を奨めたい。そうすることによって、先に紹介された思想が後で取り上げられるそれと区別されながらも一致する、という「弁証法的な」物語を楽しむことができる。

じっさい六人の思想は互いに反響し合いそして共鳴する。國分は「中動態」という言語的古層の概念に依拠して主体性をめぐる人間的過信を批判するが、この道行きは人間の言語的コミュニケーションの枠を超出し「無自由」の世界を露わにする青山の理路といろいろな点で重なり合う——それゆえ私たちは両者を並べることでそれぞれをより深く理解しうる。あるいは千葉雅也は偶然に溢れる人生を生き抜く戦略として「非意味的切断の善用」を推すが、これは伊藤亜紗が重視する「生成的コミュニケーション」で実践されていることだと解釈できる。加えて國分・青山・千葉・伊藤に共通する〈言語への粘り強い注目〉は古田の言う「言葉の立体的理解」の観点からよく分かるものになるだろうし、あるいは本書のJ哲学の旗手たちの〈知への愛〉はそれ自体で苫野の言う「真の愛」——すなわち「自己犠牲的献身」としての愛――の実践として理解されうる。

このように六人の言葉は響き合う。こうした共鳴空間へ読者を招き入れること――これもまた本書の目指すところである。

註

［＊］　Ｊ‐ＰＯＰとのアナロジーでＪ哲学とは何かを詳述したものとして、以下がある。山口尚「Ｊ‐ＰＨＩＬとは何か――日本哲学の新しい潮流についての政治的‐詩的論考」、『現代思想』、二〇二一年一月号、青土社、一五四―一六四頁。

［＊＊］　この点でＪ‐ＰＯＰは政治的であり、それが頽落すれば悪しき種類のナショナリズム（例えば排外的民族主義）に資することすらある。これはＪ哲学にも妥当する。また「日本的」を「和的」と言い換える本書の叙述には複数の政治的前提があるが、そのどれも脱構築して生成変化させることができるだろう。すなわち、日本を「和」という単数の何かと見なすことの背後にある発想を摑み出したうえで、その発想のオルタナティブを提示し〈日本〉を別の仕方で思考する、ということも可能なのである。そしてこうした〈前提を問い直す作業〉を不断に続けていくことが、私たちの日本理解が頽落しないための重要な条件だと言える。

目次

第二章　人間は自由でありかつ無自由である
——青山拓央『時間と自由意志』——

第三章　偶然の波に乗る生の実践
——千葉雅也『勉強の哲学』

第四章　身体のローカル・ルールとコミュニケーションの生成

――伊藤亜紗『手の倫理』――

おわりに　自由のための不自由論 ―― 193

第一章　共に生きるための言葉を探して

——國分功一郎『中動態の世界』

「意志」という概念の批判

國分功一郎は二〇一一年に公刊された『暇と退屈の倫理学』（朝日出版社／増補新版、太田出版、二〇一五年）によってその名を世間に知らしめた。同書の「まえがき」には「この本は俺が自分の悩みに答えを出すために書いたものである」とあるが、その結果であろうか、この本は他で見られない顔をもつ。國分の最近の思索を追う前に、彼の出世作たる『暇と退屈の倫理学』の内容をおさらいしておこう。

この本は、最大限に抽象化して言えば、〈人間の置かれたどうしようもない状況〉を記述することを目指す。生活とは出口のないもので、ひとは退屈へ追いやられがちだ。こうした退屈はじつに根深く、盛り上がったパーティの後でさえ私たちはそれを振り返り「あれは空しかったかもしれない」と考えてしまう。熱狂できることが欲しい。生に充実を感じられるような何かが欲しい。國分は、こうしたフラストレーションから完全に抜け出す道はない、と指摘する。

押さえるべきは、國分が安易な処方箋を提供することを拒んでいる、という点である。《しかじかを行なえば必ず充実感が得られるぞ》と言えるほど人間の生は単純でない。とはいえ絶望する必要もない。各人の経験から確かめることができるように、人生にはいわば自分が「とりさらわれる」ような出来事が起こりうる。すなわち、何かに完全にひたることによって生が喜びになる瞬間、これが「とりさらわれる」出来事だが、人生にはそれがある。希望を捨てないひとはそうした出来事を「待ち構える」だろう。國分曰く、

ドゥルーズは自分がとりさらわれる瞬間を待ち構えている。[…]そして彼はどこに行けばそれが起こりやすいのかを知っていた。彼の場合は美術館や映画館だった。(三五四頁(二〇一一年版))

念のため強調しておくが、これは、美術館や映画に行けば必ず充実感が得られる、と言っているわけではない。じっさい、たいていの場合は美術館に行っても魂が震えるわけではない。また大半の映画は気晴らしの域を出ない。とはいえ、時間をかけて待ち構えれば、ごくまれに自分を心の底から興奮させてくれる何かが現れることがある。例えば私にとってほとんどの本はつまらない。とはいえ、何かあるかもしれないと「待ち構え」つつ、頁をめくる。私もまた希望を捨てていない、ということだ。

自分を興奮させる何か——それが何であるかは出会う前には分からないし、意図して出

会えるわけでもない。それゆえ國分は、先にも触れたように、待ち構えることを奨励する。ことあるごとに憑りついてくる退屈は根本的にどうにもならないのだが、それでも《この先に何か面白いことがある》という希望を捨てる必要はない。

以上が『暇と退屈の倫理学』の内容（の主要な一部）であるが、そこにはその後の國分の探求を導くモチーフが潜んでいる。それは「意志」という概念の批判というモチーフである。人生を意図的に充実感のあるものにはできない。何かに興奮できるかどうかは重要な点で意識的な思惑の統制を超えている。だから偶然性に賭けるような仕方で何かを待ち構えようではないか。何かをコントロールするのとは別の仕方で希望をもとうではないか。——こうした議論に潜在する「意志」批判の方向性は二〇一七年に公刊された『中動態の世界——意志と責任の考古学』（医学書院）で先鋭化される。

言語による思考の束縛

『中動態の世界』のひとつの目標は——たったいま述べたように——「意志」という概念の批判である。とはいえこの本の射程はもう少し広い。なぜなら同書は、私たちは言葉の枠組みに縛られがちだ、という根本的事態も指摘するからである。じつに私たちは言葉を通してものを考えるのだが、その結果、言語の枠組みは私たちの思考を束縛しうる。《言語は思考を可能にするものであると同時にそれを縛るものでもある》という点に自覚的であるべし！――これが『中動態の世界』の究極的な主張のひとつである。

以上の点を押さえることは國分のやっていることの理解にとって決定的である。なぜなら、（すぐ後で見るように）この哲学者は「能動態／受動態」という文法的区別に収まらない「中動態」というものへ読者の目を向けさせるのだが、決して《中動態の表現こそが事実を正確に記述する》と言いたいわけではないからである。むしろ國分の立場は次の点への配慮も含む。それは、仮に中動態の表現が万能視されたりすれば、それはふたたび私たちの思考を縛るものになるだろう、という点である。それゆえ読者の側でも、著者は〈言語による思考の束縛〉という一般的事態を見据えたうえで「能動態／受動態」という現在の支配的な区別を批判している、という点は見過ごすべきでない。

本章は國分功一郎の近年の代表作として『中動態の世界』を取り上げ、それを読解する。この本の思想界へのインパクトとしては日本の最新の哲学の重要な流れである「不自由論」へ力強い拍車をかけた点が強調できる。現代日本哲学は不自由に目を向ける。そして國分もまたそれを行なうのである。

探求の動機は実践的

『中動態の世界』の出発点は（國分の経験にもとづいた）架空のインタビューである。そこでは依存症に陥ったひとの支援に携わるインタビュイーが「しっかりとした意志をもって、努力して、『もう二度とクスリはやらないようにする』って思ってるとやめられない」と述べ、次のように話が進む。

——そこがとても理解が難しいです。アルコールをやめる、クスリをやめるというのは、やはり自分がそれをやめるってことだから、やめようって思わないとダメなんじゃないですか？

「本人がやめたいって気持ちをもつことは大切だけど、たとえば、刑務所なんかの講習会とかに呼ばれるじゃない？　クスリで捕まった女性の前で話すんだけど、話が終わった後で、刑務官の女の人が『みなさん、分かりましたか。一生懸命に努力すれば薬やアルコールはやめられます。あなたたちもしっかり努力しなさい』なんてまとめをされて、『ああ、私が一時間話したことは何だったの』とかなる」（四―五頁）

インタビュイーは、依存症について「やめようと意志すれば止められる（止められないのは意志が足りないからだ）」などとは言えない、とみなに分かってもらいたいのだが、どうもそれは理解されない。むしろ自分の言いたいのとは異なる仕方で解されてしまう。こうしたやりとりにおいてインタビュイーは或る種の「言葉の壁」に直面している。

たしかに、アルコールや薬物を止めるには当人の意志が重要だ、という考えは道理に適っているように見える。酒を飲んだりクスリをやったりするのは誰か――それは当人に他ならない。それゆえ、《本人がそれを止めようとするかどうか》が核心的であり、そのひとが止めようと意志することが回復の第一歩だ。――これはきわめて明快な議論である。

國分が『中動態の世界』で目指すことのひとつはこうした議論を退けることである。なぜなら「やめようと意志すれば止められる（止められないのは意志が足りないからだ）」という言い回しは依存症に陥るひとのリアリティにそぐわないから。「依存症者」の多くは、もう二度としないと誓いながら、自らを制御できず繰り返してしまう。こんな場合に「しっかり意志しろ！」と責めることは或る意味で的外れであり、同時に依存症に苦しむ当人の煩悶の増大につながりうる。前段落の「明快な」議論は、理論的にも実践的にも、瑕疵（かし）があると言わざるをえない。

では國分はこの議論をどのようなやり方で退けるのか。それは、この議論が無意識的に前提している言語的な枠組みの批判によって、である。例えば「酒を飲んでひとに迷惑をかけるのは誰か」という問いへ「Aさんだ」と答えられるとき、私たちはAさんを「行為主体」と見なす。あるいは「Aさんが飲む」と言われるとき、Aさんは主語の位置に立って〈飲む〉という行為を支配していると解される――それゆえ飲むか飲まないかはAさん次第だ。これは分かりやすい言葉づかいであり、これに従うと、酒を飲む主体たるAさんはその行為をコントロールしていることになる。だがこうした語り方は必然的なものだろうか。他の道はないのだろうか。國分は「ある」と言う。それはAさんを必ずしも「行為主体」と見なさないような古層の文法枠組みである。

以下、言語の古層へ迫る國分の議論を追っていくが、彼の探求の動機が実践的だ――すなわち依存症に陥ったひとのリアリティをより的確に捉え、それによって私たちが共に生きることを支えるような言葉の枠組みを得たい――という点は強調しておきたい。この哲学者の考えは決して〈理論のための理論〉ではなく、それはつねに何かしらの実践的含意を意図している。この点には後でふたたび立ち返ることになるだろう。

中動態とはどのようなものか

國分の議論は古典ギリシア語を中心的な対象とする――となるとこの古典語の知識がなければ彼の議論は理解できないのか。この問いには「いや、古典ギリシア語を知らないひとにとっても、國分の議論は分かるものであるし、役に立つものだ」と答えたい。以下で見るように、國分の最終的な主張は日本語の内部へ「植え込む」ことができる。古典ギリシア語をめぐる議論の理解度は各人の予備知識に依存するが、究極的な指摘は特定言語の知識を前提しない。

それゆえ、以下では古典ギリシア語をめぐる議論を追っていくが、そのあたりは（ひとによっては）「大枠的な」理解が形成されれば十分である。私のほうでも、なるだけ分かりやすい話のスレッドをピックアップするよう努めたい。

「能動態／受動態」という動詞の「態」の区別は英語やフランス語にもあるが、例えば古典ギリシア語には「中動態」というものもある。第一に押さえるべきは、この態は決して〈能動と受動の中間を表すもの〉などと理解されてはならない、という点だ（そもそも「能動と受動の中間」と言うだけでは何が意味されているか分からない）。中動態は固有の表現機能をもつのだが、《それがどのようなものか》はとりあえず具体例を見て確認するしかない。

古典ギリシア語は例えば〈政治を行なうこと〉を表現する動詞をもつが、その能動態（の不定形）であるπολιτεύειν（ポリテウエイン）は「統治者として統治すること」を意味し、同じ単語の中動態（の不定形）であるπολιτεύεσθαι（ポリテウエスタイ）は「政治に参加し、公的な仕事を担うこと」を表現する（九三頁）。分かりやすさのため表にしておこう。

能動態　πολιτεύειν　＝　統治者として統治すること
中動態　πολιτεύεσθαι　＝　政治に参加し、公的な仕事を担うこと

この一例だけから能動態と中動態の違いを察知するのは困難であろうから、もうひとつ例を挙げておく（九二頁）。《彼は馬をつなぎから外す》という事態は能動態を用いて "Τὸν ἵππον λύει"（トン・ヒッポン・リュエイ）とも表現できるが、中動態を用いて "Τὸν ἵππον λύεται"（トン・ヒッポン・リュエタイ）とも言い表すことができる。違いは何かといえば、中動態を用いた文は《馬をつなぎから外した人物が自ら それに乗る》ということを含意するが、能動態を用いた文はこの含意をもたない（そして他のひとが乗ることが推察される）。これも表にしておこう。

能動態を用いた "Τὸν ἵππον λύει" ＝ 彼は馬をつなぎから外す（そして他のひとが乗る）
中動態を用いた "Τὸν ἵππον λύεται" ＝ 彼は馬をつなぎから外す（そして彼自身が乗る）

こうした具体例において確認すべきは、中動態には能動態とも受動態とも異なる意味合いがある、という事実である。言い換えれば、この世で生じる事象（とりわけ人間の活動）を「する／される」の枠組み以外で把握する文法的な道具立てがある、ということだ。

だがこうなると次の問いが生じる。はたして中動態は何を意味するのか。動詞が中動態で用いられるとき、いったい何が表現されるのか。

能動態と中動態の対比

この問いへ國分は言語学者のポール・アンダーセンなどを参照しつつ答えるが、議論の詳細はここでは割愛すべきだろう。むしろ一気に結論部へ切り込みたい。そのさいに重要となるのは「能動態は何の逆か」という問いだ。近代語の観点に立てば、能動態は受動態の逆であり、受動態は能動態の逆だ、と言える。とはいえ――言語の考古学が明らかにするように――この答えは古典ギリシア語の古層においては成り立たない。

どういうことかといえば、能動態はかつて中動態との対比において用いられていたのである。一方で近代語は「する／される」という枠組みのもと、能動態を「する」で、そして受動態を「される」で特徴づける。他方で古典ギリシア語の古層では「する／される」の枠組みが前提されない――それゆえ能動態は必ずしも単純に「する」の意味合いをもつわけではない。では能動態と中動態が対比されるとき何が起こるのか。その場合に立ち上がる枠組みはどのようなものか。

　フランスの卓越した言語学者バンヴェニストに依拠して國分の指摘するところによれば、能動態と中動態の対比は「外／内」の枠組みを立ち上げる（八八頁）。ふたたび〈政治を行なうこと〉を例にとって具体的に説明しよう。能動態 πολιτεύειν が用いられるとき、主語の場所に置かれる存在（すなわち為政者）は統治過程の「外」に立って、統治の活動を対象たる民へ一方的に差し向ける。これに対して中動態 πολιτεύεσθαι が用いられるとき、主語の位置にある存在はそれ自体政治過程の「内」に立ち、その内部で政治活動を行なう。ここでは《主語が活動のプロセスの外にいるのか内にいるのか》が問題になっている。國分の言葉を引けば、能動態は「主体から発して主体の外で完遂する過程」を表現し（八八頁）、中動態は「主語がその座となるような過程を表しているのであって、主語はその過程の内部にある」（九二頁）。

　以上で先の問い――中動態は何を意味するのか――が答えられた。中動態は、端的に言えば、《主語が活動の過程の内にある》という事態を示す。《彼は馬をつなぎから外す》の例を振り返ろう。中動態を用いた “Τὸν ἵππον λύεται” は、三人称単数の主語（動詞の語尾が隠伏的に表す）が過程の内にあることを、すなわち自分がつなぎを外した馬にみずから乗ることを表現する。これに対して、能動態を用いた“Tὸν ἵππον λύει”では、主語は馬に乗らず過程の外に留まる。

まとめると次だ。すなわち、中動態で表現された事態においては「主体」が活動過程に巻き込まれているが、能動態で表現されるそれでは主体は〈活動を一方的に発出する起点〉になる、と。

活動の過程の中で「もまれ」る中動態の主体

中動態と能動態を対比することは、現代に生きる私たちにとって、人間の活動を把握する視点に「ひねり」を加えてくれる。國分の言いたいことは決して《古典ギリシア語の中に実在を正確に把握する表現があった》とか《古典ギリシア語を知らなければ真実を摑むことはできない》とかではない。この哲学者はむしろ、日本語の内部に「植え込み」可能な発想を、すなわち日本語で十分に表現可能なアイデアを提供しようと試みている。じつに――いまから説明するように――問題の対比は、行為者が過程の中で「もまれ」ながら行為が生成する、という事態があることを顕在化する。

この点は重要なのでじっくり解説したい。

第一に、中動態と能動態の対比を踏まえれば、能動態の意味合いの理解も深まる。古典ギリシア語において能動態は主語をいわば「超越的な」位置におく。そこでは主語によって表現される主体は、過程の外で或る意味で「超然」とし、一方向的に活動を行なう。いささか形式的に言えば、能動態の行為者は例えば行為からのフィードバック・ループに入っておらずむしろ行為の外部にとどまり、そのような仕方で行為をコントロールする。この場合、行為の結果の責任を完全な形で主体に帰すことは理に適っているだろう。能動態πολιτεύειν の主体は民を「一方向的に」統治するので、政策の結果の責任は主体そのひとに帰せられることになる。

とはいえ第二の点だが、人間の活動すべてが以上の仕方で（すなわち能動態として）把握されるべきだ、ということはない。なぜなら――中動態の概念が示すように――、行為者が行為の過程に巻き込まれている、という捉え方もあるからだ。すなわち、行為者は進行する過程の内部におり、そのプロセスで生じることのフィードバックを被って、自らを「無傷な」ままでは留め置けない、ということ。ここでは、主体が活動を一方的にコントロールする、ということは成立していない。むしろ「主体」は活動の推移の中で身を揺られている（それゆえ彼あるいは彼女は単純な意味の「主体」ではない）。

かくして、行為が中動態的に理解されるとき、行為主体は無視できない〈脆弱（ぜいじゃく）さ〉をもつ。というのも、そこでは行為の過程が主体へフィードバック的な影響をもたらすので、行為主体はあたかも荒波のうえで船を操舵するような状況に置かれるからだ。この場合、行為のあり方やその結果に関する責任を、まったき形でその主体に帰しうるかどうかは判明でなくなる。中動態的な活動に巻き込まれている「主体」に対して一方的に《お前が悪い》と責めることは少なくとも的はずれなことだろう。中動態で表現される事態においては「お前のせいだ」という単純な責任帰属が成り立たないのである。

以上のように、〈能動態と中動態の対比〉を考古学的に考察することによって、私たちは人間の活動についての単純なイメージ――ひとが主体として活動を対象へ差し向けるというイメージ――を批判することができる。すなわち、これが唯一のイメージでないのだ、と。じつに、ひとが活動に巻き込まれ「もまれ」ている、というイメージもありうる。そしてこうしたイメージこそが國分の伝えようとするものである。《中動態という古い文法項目を振り返ることによって現代の日本語の内部で「人間の行為」のオルタナティブなイメージを彫琢することができる》という点は強調しておきたい。

中動態の抑圧の歴史

先に、古典ギリシア語の古層においては能動態と中動態が対比されていた、と述べた。では現在の「能動態／受動態」の対比はどこからやってきたのか。これについてはいろいろな観点から議論できるが、是非とも強調しておきたいのは《西洋の知的歴史において、中動態の本来の意味を抑圧し、一切を「する／される」に分けていく流れのようなものがあった》という点だ。國分は最近の著作『〈責任〉の生成――中動態と当事者研究』（熊谷晋一郎との共著、新曜社、二〇二〇年）でこの点を具体的に説明している。以下、詳しく見てみよう。

國分は、プラトンの或るテキストのうちに、一切を「する／される」に振り分ける思考の生成の一例を見る。それは『アルキビアデス』という著作の中の〈魂と身体の関係〉を論じる箇所だ。國分の引く核心的な箇所は次（三六三―三六四頁）。

ソクラテス　ところで、使用する者と使用される物とは違うのだったたね。
アルキビアデス　そうです。
ソクラテス　したがって、人間は自己の身体とは別ものであるということになるのかね。
アルキビアデス　そうかもしれません。
ソクラテス　では、人間とはいったいなんだ。
アルキビアデス　答えられませんが。

ソクラテス　しかしとにかく、身体を使用する者だということだけは言えるはずだが。
アルキビアデス　はい。
ソクラテス　ところで、そもそも身体を使用する者は、魂のほかに何があるかね。
アルキビアデス　ほかにはありません。
ソクラテス　そしてそれは、身体を支配することによってではないのか。
アルキビアデス　ええ、そうです。

プラトンはソクラテスに、魂は〈身体を支配するもの〉だ、と指摘させる。そしてその指摘へ至る議論において「使用する」と「使用される」の対比が持ち出されている。

重要な点を摑むには古典ギリシア語の原文に触れる必要がある。注目すべきは、引用では中動態の形しかもたない χρῆσθαι（クレースタイ）という語によって「使用する」が表現されている、という点だ。じつに――このあたりは一足飛びに断言するが――、χρῆσθαι の言う「使用」は必ずしも〈一方向的にコントロールすること〉を意味していなかった。とはいえ引用の議論は最終的に χρῆσθαι へ「支配すること」の意味を付与する。そして後者の「支配すること」は ἄρχουσα（アルクーサ）という能動態（正確には現在能動分詞の女性形主格）で表現されている。結果として〈魂による身体の使用〉は〈魂による身体の支配〉という先鋭化された意味合いを得る。以上をまとめると次。すなわち、議論の進行につれて *χρῆσθαι* の中動態的な意味は抑圧され、そこに「支配する」という能動態的な意味が上書きされる、と。

中動態の抑圧――この事態を國分は重く見る。彼は『〈責任〉の生成』で曰く、

> 僕は『中動態の世界』のなかで、哲学者のジャック・デリダの「おそらく哲学は、このような中動態、すなわちある種の非‐他動詞性をまず能動態と受動態へと振り分け、それを抑圧することで自らを構成したのである」という言葉を紹介しています。それに対して、「こんなデリダの陰謀論につき合う必要はないだろう」と言った人がいました。
> しかし今読んだ箇所は、デリダが言ったとおり、プラトンは「中動態を抑圧して、それを能動と受動に振り分け」ていると僕は思います。使用の分析を通じて中動態の問題が現れているのに、プラトンはそれをあえて主‐客に振り分けている。その振り分けを成立させるために「魂」を持ち出すわけです。（三六七―三六八頁）

ここで言われているのは國分が《かつて中動態の抑圧という出来事があった》というデリダの主張に賛成するということだ。プラトンを機縁のひとつとして、哲学的思考は（あ

るいは常識的な思考は）一切を「する」と「される」に振り分ける傾向を具えるに至った。結果として、人間の活動を中動態的なものとして捉える見方は忘却されている。それを何かしらの形で取り返したい――というのが國分の目標である。なぜならそれによって現代のいくつかの実践的課題（例えば先に触れた依存症の理解をめぐる問題）へ新たな切り口が得られるかもしれないからだ。

意志することとは忘れようとすることだ

『中動態の世界』の読解へ戻ろう。中動態が〈活動への巻き込まれ〉を意味するという点を確認したあと、國分はアレントやドゥルーズなどの複数の哲学者を取り上げる。その中でとりわけ重要なのはハイデガーとスピノザである。第一にハイデガーは《意志が行為をコントロールする》という「能動態的な」事態の問題点を指摘する。第二にスピノザは、《意志が自由に行為をコントロールする》とは違った、私たちの生きうるあり方の可能性に迫る。以下、ひとつずつ見ていきたい。

まず「意志」がどのような概念かについてである。具体的に考えてみよう。

例えば或るビジネスパーソンが「この企画は私自身がぜひともやりたいと考えているものです、私が全責任をもって成功させます」などと言ったとする。こうした言明は「やりたい（will）」という当人の意志を表現しており、発言者は《自分がその企画を自分の意志でやろうとしているからこそ自分はそれに責任を負う》と考えている。さて、幸い企画が成功し、ひとりの役員が「これは誰のおかげなのか」と問うたとする。その場合、ビジネスパーソンは（進言するかどうかは別として）《自分のおかげだ》と考えるだろう。なぜなら、その企画をやろうと決めたのは他ならぬ自分であり、自分以外のところに出発点を見出すことができないからである。

この種のケースを念頭におき國分は「意志」の概念のひとつの理解を指摘する。それは〈行為の出発点としての意志〉というものだ。とはいえハイデガーはこうした「意志」概念を痛烈に批判する。

ハイデガーによれば——そしてハイデガーを離れても理解できるように——そもそも人間は何かしらの活動の開始点に立つことなどできない。なぜなら、人間はつねに他からの影響下にあり、あるいはつねに過去を背負っており、決して「途上」から抜け出すことができないからである。國分はハイデガーの印象深い言葉を引いている（二〇四頁）。「意志が始まりを所有したことなどあったためしがない」。〈始まり〉という意味の意志を、人間が実際に行使したことはないのである。

だがこうなると——ここからが重要だが——或るひとが「自分はそれを意志した」と言

い立てるとき何が生じているのか。前段落の議論から論理的に次が帰結する。すなわち、そう言い立てるひとは、自分がさまざまな過程の最中から抜け出せないにもかかわらず、自らを〈開始点〉として僭称(せんしょう)している、と。この場合、ハイデガーによれば、主体は自分が巻き込まれている過程から目を逸らしている。そして主体は過去を忘却している。要するに、主体は自分のことをちゃんと認識しない状態に陥っている。

ハイデガーは《意志とは過去の忘却だ》と指摘するのであるが、この指摘の重要性のために『中動態の世界』はこのドイツの哲学者を取り上げる。國分はハイデガーを踏まえて次のように言う。

> 意志しようとするとき、人は過ぎ去ったことから目を背け、歴史を忘れ、ただ未来だけを志向し、何ごとからも切り離された始まりであろうとする。そうして思考はそのもっとも重要な活動を奪われる。(二〇五頁、ただし傍点強調は原著者による)

すなわち、《それを決めたのは自分だ》と自らの意志を認めることは裏返せば、過去の忘却であり〈ものを考えないこと〉である、と。先のビジネスパーソンに関しても、《自分のおかげだ》と思えば思うほど、自分の巻き込まれている過程をしかと認識することから離れてしまう。この点を踏まえれば「意志することは忘れようとすることだ」とさえ言える（二〇五頁、ただし傍点強調は原著者による）。

まとめよう。ハイデガーの議論から國分が引き出すことは、「意志」の概念の無批判的な使用は却って認識や思考の欠如を招来する、という事態への警告である。「私はかくかくをした」や「しかじかをしたのは私だ」などの言い回しは一見何ら問題がない。とはいえこうした言葉づかいは《人間がつねに途上にある》という事態を隠蔽しうる。つねに過去を背負い、つねに他者との相互性の中にいる人間については「それは何某が自分の意志で決めた」という表現はそぐわないものかもしれない。

ちなみに、以上の議論は決して「意志」概念一般の全面的批判ではない、という点は強調しておかねばならない。なぜなら——私自身の主張だが——おそらく有意義な「意志」概念もあるだろうからだ。とはいえ《私たちがこの概念を素朴な仕方で使用するさい、忘却などの無視できない認識的瑕疵が生じる》というハイデガーおよび國分の指摘は傾聴に値する。なぜなら、同じ点を繰り返すが、私たちは誰も〈始まり〉に立つことがないからである。

認識による自由

ハイデガーは意志が認識の欠如をもたらすと考えるのだが、これと対蹠的にスピノザは「自由は認識によってもたらされる」と主張する（二六三頁）。ここで言う「自由」はいわゆる意志の自由ではなく、各人が人生を「踏みしめるように」着実に生きるあり方を指す。『エチカ』の作者に即して〈真の自由〉の概念を彫琢する――というのが『中動態の世界』のクライマックスである。

　何はともあれ押さえるべきは次。すなわち、スピノザは、《自分は自分の意志で選んで行為している》と自己把握するのではなく、自己の「巻き込まれた」あり方――すなわち自己の中動態的な状態――を自覚して生きることを奨励する、と。なぜ自己の中動態性の自覚を奨めるのかといえば、理由は以下。

　第一に、自己の行動を「自由意志による」と見なせば見なすほど、自己を縛っている（気づかれない）要素を認識の外に置くことになり、その結果、ひとはよりいっそう縛られた状態になるだろう。第二に、自らを巻き込みかつ「縛る」ものをしかと認識する場合には、ひとはそうした要素の存在を踏まえて行動することができ、自己の自由を増大させるだろう。こうした意味で、自己を「能動態的な」ものと捉えるより「中動態的な」ものと捉えたほうが、（勇ましさは欠けるかもしれないが）地に足をつけて生の道を進んで行ける。

　國分は、他人から罵倒されて怒りに震えるひとを例にとり、こうしたひとは（相手を問

答無用で殴り倒すのではなく）自己と世界を認識しようとすべきだ、と指摘する。曰く、

他人から罵詈雑言を浴びせられれば人は怒りに震える。しかし、スピノザの言う「思惟能力」、つまり考える力を、それに対応できるほどに高めていたならば、人は「なぜこの人物は私にこのような酷いことを言っているのだろうか？」「どうすればこのような災難を避けられるだろうか？」と考えることができるだろう。そのように考えている間、人は自らの内の受動の部分を限りなく少なくしているだろう。（二六〇頁）

自己と世界を認識したうえで何をすべきか――これはケース・バイ・ケースであり、いろいろなものが行動を導いてくれるだろう。重要なのは、認識への努力を欠いたまま自分が「能動」と思いなすものへ突き進むよりも、事態をじっくりと認識しようとするときのほうがひとは束縛や抑圧なしに行動していける、という点だ。「……しよう！」や「……と決める！」という勇ましい言葉で自己決定を鼓舞したとしても、実質的な自由が増大するとは限らない。要点をレトリカルにまとめれば次だ。すなわち、能動を目指さないほうが真の意味の「能動」を実現できる、と。

ちなみにスピノザもまた（ハイデガーと同じく）「自由意志」の概念の素朴な使用の問題点

を強調するのだが、こうした「自由意志」批判の意義を國分は〈真の自由〉の追求の文脈で把握する。曰く、

［…］自由意志や意志を否定することは自由を追い求めることとまったく矛盾しない。それどころか、自由がスピノザの言うように認識によってもたらされるのであれば、自由意志を信仰することこそ、われわれが自由になる道をふさいでしまうとすら言わねばならない。その信仰はありもしない純粋な始まりを信じることを強い、われわれが物事をありのままに認識することを妨げるからである。（二六三頁）

具体的には例えば、《自分には自由な意志がある》という信念が強まれば強まるほど、行なうべきことを行なえないときの煩悶――すなわち「どうして自分にはできないんだ！」という苦悩――は増大する。ここで必要なのはむしろ自らの〈巻き込まれ〉を、すなわち或る種の不自由を、認識することであろう。かかる認識こそが、各人が一歩ずつ進んでいくことの足掛かりになるのである。

國分の実践それ自体に具わる中動態性

國分の議論の出発点が《依存症に陥ったひとのリアリティを語る語彙がない》という問題意識であったことを鑑みると、スピノザに即して論じられた〈認識による自由〉は（少なくとも國分の理解において）依存症をめぐる問題への含意をもつだろう。これはじっさいにそうであり、例えば先述の『〈責任〉の生成』は明示的にこうした点に触れている。とはいえここでは『中動態の世界』の議論に内在的に指摘可能な要点を述べることで締めくくりとしたい。

依存症に陥ったひとの生を「中動態的な」仕方で語るとしよう。この場合、彼らあるいは彼女らは、活動の中で「もまれ」ながら何とか生きていっていると理解される。こうなると《意志の力で酒やクスリを止められる》と期待されるべきではない。むしろ、依存症から何かしらの意味で「脱する」さいにも、当人の意志の力だけではなく別の何かにも頼らねばならない。それは例えば環境を整えることかもしれないし、あるいは相互に支え合うことかもしれない。中動態で語ることは意志への（従来の）過剰な期待を緩和してくれる。

《依存症やその他の苦難を中動態で語るときに何が起こるか》は今後も國分自身がその実践によって明らかにするだろう。他方で『中動態の世界』の主張については理論的に注意すべき点がある。それは——すでに触れた事柄だが——《國分は特定の語りの枠組みを絶対視しているわけではない》という点だ。

じつに國分のモチーフは或る意味で「時局的」である。すなわち、現在「する／される」の二分法が支配的であり、それによって一定の事柄がうまく理解できなくなっているために、試みとして中動態という古層の語りを召喚する、というのがこの哲学者の企図である。それゆえ、（おそらく当分そんなことはないが）仮に中動態の語りが支配的になりそのために何かしらの事柄が理解されなくなれば、國分は「する」の復権に努めるかもしれない。彼が避けたいことは《特定の語り方によって私たちが縛られ尽くされてしまう》という事態である。そして中動態の語りも、無批判的に受容されたりすれば、却って私たちを縛るものになる。

國分は特定の語り方を押しつけようとしているのではない——という点を摑むことは重要である。ここからいささか大胆に次が指摘できるかもしれない。すなわち、國分は「しっくりいく」表現を探し求めて悩むという過程の中に「中動態的に」巻き込まれている、と。じっさい〈言葉づかい〉というものは、どうにも、私たちの意志のコントロールを超えた面をもつ。《かくかくをしかじかと語ろう》と提案したとしても事態が意図どおり進行するとは限らない。かくして中動態の語り方を取り戻そうとする『中動態の世界』の議論自体が「中動態的な」ものだと言いうる。言葉を支配するのではなく、言葉の言葉を支配するのではなく、言葉の中にうまく巻き込まれること。ここでは読者の側の中動態的な姿勢もまた問われている、と言えるだろう。

第二章　人間は自由でありかつ無自由である
――青山拓央『時間と自由意志』

人間の生に具わる相対的な絶対性

分析哲学者・青山拓央はフランス現代思想を研究する國分と重なり合う議論を展開している。ふたつの異なる源流——すなわち分析哲学とフランス現代思想——に端を発する思索が交わり合うという事態には興味深いものがあるが、本書はこの章からそうしたクロスオーバーの観察を始める。本章は青山の不自由論を抽出し、J哲学における〈不自由への眼差し〉を前章とは異なる角度から確認したい。

青山は二〇一六年に『時間と自由意志——自由は存在するか』(筑摩書房)を公刊したが、同書はふたつの不自由論を含んでいる点で意義深い。すなわちそこでは——これから見ていくように——《あなたが私を困らせてくる》という「他者的な」不自由の現象が鋭く分析されるとともに人間のコミュニケーションを超えた「無自由な世界」といういわば不自由の極北が論じられる。こうした議論によってこの分析哲学者はJ哲学の不自由論を牽引する。

とはいえ——哲学業界では周知だが——青山の哲学の一番の代表的モチーフは「時間」である。それゆえ本題へ進む前に彼の最近の著作『心にとって時間とは何か』(講談社現代新書、二〇一九年)の内容を瞥見(べっけん)しておく。それによって青山の哲学の通奏低音のひとつを確認できるだろう。

『心にとって時間とは何か』の第三章は〈過去〉と〈記憶〉をテーマとしており、いろいろな考察が行なわれるが、過去の「デッサン性」の指摘は面白い。じつに私たちにとっての過去は、描いている途中のデッサン画のように、空白部分がたくさんある。例えば私は幼稚園に行っていたことを覚えているが、女性の先生の顔にホクロがあったかどうか覚えていない。ここで昔のアルバムを見れば、先生の顔のホクロの有無を確かめることができるかもしれないし、ひょっとしたら先生だと記憶していた女のひとがじつは市役所の教育課の職員だったことが判明するかもしれない。このように過去は、記憶や証拠と連動する形で、いわばデッサンを描いたり消したりするように書き換えられる。

こう考えれば《私たちにとって完全に確実な過去はありえない》という点にも気づかれる。むしろ私たちは特定のデッサンをたまたまもっているに過ぎない。とはいえこれは《過去は何でもありだ》ということを意味しない。こうした点について青山曰く、

私は今、五感や思考が一体となった眼前の現象を捉えているが、描きかけの過去のデッサン画もまた、そこにおいて立ち現れざるをえない。そして何より重要なのは、このとき、どのデッサン画を出発点とするかの選択はなしえないことである（他のデッサン画は

ないのだから)。今ここに、今朝パンを食べたことや千年前に平安貴族がいたことを描線とするデッサン画が在るなら、私はそれを出発点として過去を捉えていくしかない。たとえ、一部の記憶の間違いが後から明らかになる場合でも。(九一頁、ただし傍点強調は原著者による)

たしかに私たちにとっての過去はあくまでデッサンであり、それはつねに描きなおされる可能性がある。だが私たちは、恣意的にデッサンを取り換えることができず、いまあるデッサンを「徐々に」描きなおすしかない。かくして私たちにとって過去は時点ごとに描き変えられ、その意味で「相対的な」ものだが、決して完全に相対的であるわけではない。

さて――哲学の通奏低音の話へ進むと――青山は人間の生のふたつの側面への感度が強い。一方で、人間の生はよくよく考えれば偶然的で相対的なものであり、私たちが「確実だ」と考えている事柄はほとんど幻想でありうる。他方で、私たちは生きている限り〈人間〉という枠組みを離れることができず、私たちは決して「人間を超えた」あり方で生きることができない。青山は人間の生の相対性と絶対性の両側面に惹かれている。人間の生を両側から理解したい、というのが彼の哲学の根本性向である。なぜなら、生の相反するアスペクトを見ることによって、単純には語り尽くせぬ人間存在の実相へ近づけるからだ。

　この点はたったいま見た〈過去〉と〈記憶〉の議論にも妥当する。私たちにとっての過去はどれもデッサンであり絶対性を有さない。とはいえ同時に私たちはそのつど特定のデッサンに「縛られて」いる。すなわち、このデッサン（たまたま手持ちであるそれ）を描きなおしていく以外に道はない、ということだ。ここには人間の生がもつ「相対的な絶対性」の一例が現れている。

人間は自由でありかつ自由でない

『時間と自由意志』は青山の博士学位論文（慶應義塾大学、二〇一六年二月学位授与）の書籍化である。ここへつながる議論はすでに彼のはじめての本である二〇〇二年の『タイムトラベルの哲学』（講談社ＳＯＰＨＩＡ　ＢＯＯＫＳ／新版、ちくま文庫、二〇一一年）のうちに見出されるので、「時間をかけて考えていたのだな」と感心する。ちなみに後者の本については、私は修士の学生のときに京都大学の生協ブックセンター「ルネ」で出会った。著者プロフィール欄に「修士課程に在籍」とあったので《すごいやつがいる》と思った――それと同時にライバル心も抱いた。

『時間と自由意志』への導入も兼ねてもう少しエピソード的な叙述を続けたい。

私が博士課程で現代形而上学を学び始めたころ、青山は柏端達也と谷川卓と共に『現代形而上学論文集』（勁草書房、二〇〇六年）を公刊した。現代形而上学とは〈実体〉や〈自由意志〉や〈時間〉などの形而上学的な話題を現代の道具立て（形式論理学や集合論など）を用いて論じる分野だが、彼らの本はこの分野の最新の英語論文をピックアップして翻訳したものである。時を経ずして私は海田大輔・小山虎・佐金武と共に形而上学をまなぶ読書会を立ち上げた（京都大学の出口康夫がアレンジメント）。そこでは現代形而上学の代表格デイヴィッド・ルイスの研究などを行なった——この活動は最終的にルイスの主著『世界の複数性について』（名古屋大学出版会、二〇一六年）の翻訳として実を結んだ。西の形而上学グループである私たちは、敵意などではないのだが、青山たちという東のグループをそれなりに意識していたと思う。《向こうに負けないことをやりたい》というわけだ。

二〇一六年一一月に青山は『時間と自由意志』を公刊する——同時期に私は彼からの依頼で山口大学の時間学特別セミナーで発表した。そのさい私は《ひとが自由意志の存在を認めざるをえないこと》と《ひとがつねに自由意志の存在を否定する視点に立てること》というふたつの（或る意味で相矛盾する）事態を指摘したが、それに対して青山はいくつもの鋭いコメントをくれた。後で彼の本を読んで気づいたことだが、彼はすでに二種類の事態について深く考察していたのである。これから見る青山のふたつの不自由論は《人間は自由でありかつ自由でない》という事態を独特の仕方で説明するものでもある。

二人称的自由

『時間と自由意志』の第一の不自由論は「二人称」という文法用語をキーコンセプトとする。青山によれば、深い意味の自由は二人称的な次元において現れる。そしてそれは或る意味で「私」という自己を侵害する仕方で現れるのである。

青山が出発点とする観察は以下のようなものだ。

例えば私は独りで街に出るのが好きだ。すれ違うひとたちは誰も私のことを気にしていない。私は喫茶店に入り、ゆったりとした時間の流れの中で原稿を書く。周囲の控えめなざわめきが心地よい。そこでは、各席の客は自分のことを行なっており、互いへの干渉がない。ひとのいない丘で寝そべって自然の中の自由を満喫する若者のように、私は喫茶店の孤独の中で自由を楽しむ。私を妨げるものは何もなく、私はただ自分のやっていることをやればよい。

私の自由に亀裂が入るのはいつだろうか。第一に押さえるべきは次だ。すなわち、私でないものが、すなわち「他者」なるものが、周囲に存在するだけでは必ずしも私の自由の侵害につながらない、と。例えば喫茶店で周りにいる客は私に関与しない。もちろん大声で話す客が私の執筆作業の妨げになることはあるが、そうした場合にも私のほうで別の場所へ移動してしまえばよい（相手は私のことなど気にしていないので追ってきたりはしない）。他人がいたとしても私は自由である。

とはいえ、「彼」や「彼女」という離れた位置に留まる他者ではなしに、「あなた」と言えるくらいに距離の近い他人が現れる場合には話は別である。具体的に考えてみよう。

数人の客に交じりながら私は自分の自由を享受している。そこに「あ、こんにちは」とあなたがやって来る。こうなると私はあなたのことを気にしないわけにはいかない。そして、何を語るか予測できないあなたのほうへ意識を向け、予想の範囲に収まらないそのつどのあなたの行為へいちいち応答せねばならない。要するに私はあなたの自由に振り回される。それゆえ一般に、あなたといることは私を疲れさせる（心地よい疲れもあれば、逃げ出したくなるような疲れもある）。あなたの出現によって、私は自己の自由の楽園を追い出される。

——以上が青山の着想である。青山は、予測不可能であり、いかなる法則にも取り込まれないような「自由」の原型を、あなたという二人称の他者のうちに見る。曰く、「二人称性の承認自体が自由意志の承認と結合している」（一七六―一七七頁）。言い換えれば、あなたと関わり合うという二人称的コミュニケーションに参与することがまさしく自由意志の存在を認める第一歩なのである。ここで押さえるべきは、自由が第一義的に私を「困らせる」ものとして現れる、という点だ。言い換えれば、深い意味の自由は私の自由を制限してくる、ということ。この意味で青山の自由論は不自由論でもある。根源的な意味の自由をこの哲学者は「二人称的自由（second-person freedom）」と名づける（一七七頁）。

なぜ二人称と自由は関連するか

周囲に「彼」や「彼女」しかいない独り喫茶の状態では私を振り回す自由は現れないが、そこに「あなた」が姿を見せると私はあなたの自由な行動を気にせざるをえない——というのは私たちの体験の的確な観察であろう。とはいえなぜ自由は二人称性と結びついているのか。この点について青山はもう一歩踏み込んで分析している。

第一に周囲のひとが「彼女」や「彼」のように三人称的に把握されるとき、根本的には、それはいわば客観的自然に属す「もの」として捉えられる。私は街の人波の中で彼や彼女にぶつからないように注意しながら歩くが、これはどちらかといえば行く手を遮る壁（ただしそれ自体で運動する壁だが）を避けるのに似ている。私は外的物体の運動を予測し、衝突しないように進む——このさいに私はこの物体へ（少なくとも「あなた」に対するほどは）内面性を認めない。

以上のように考えて青山は次のように言う。

本節で言う「三人称的観点」とは、唯物論的な客観的観点のことを指し、それゆえ——ある種の「三人称小説」とは異なり——だれかの「内面」が見通されることもない［…］。（一九九頁）

要するに、周囲のひとを三人称的な観点から見るとは一種の物体と見ることであり、それゆえ「彼」や「彼女」は第一義的にはいかなる内面——すなわち先取りして言えば〈自由意志〉が認められる余白の領域——も有さない。なぜなら青山の分析によれば、三人称的観点は「特定人物の目から見たのではない客観的観点」であるので（一九八頁）、そこではすべてが因果の網目か偶然の生起へ回収されるからである。

第二に、《私が自分を「私」として把握する》という一人称的観点においては、私に対してすべてが見えてしまっている。例えばホットコーヒーでなくホットレモンティーを注文するとき、《なぜそれを選ぶか》の理由や動機は私に見えている。それゆえ一人称的に見られた私には〈予測できなさ〉や〈規則への取り込まれなさ〉がない。それゆえ、青山曰く、

行為者の一人称的な意識の内部に、自由意志の存在根拠を見出すことは難しい。（一六六頁）

言い換えれば、根源的な自由は「私」の領域に根をもつものではない、ということだ。もちろんひとは一人称的な「私」へ〈予測できなさ〉を帰すこともあるが、これは自己へ二人称的把握を転用した結果に過ぎない（後述）。

いったん三人称性と一人称性に関する青山の分析を表にまとめよう。

三人称 → 内面性がない 一人称 → すべてが見えてしまっている

さて青山によると二人称性はこれらと対蹠的な特性をもつ。すなわち、二人称的な「あなた」には不可視の内面がある、ということ。そして二人称にそなわる不可視の内面性は先述の「二人称的自由」と関係している。なぜなら、曰く、「他者の意識が見えないからこそ他者の身体行動の背後に自由意志の働きを想定する」という理路が可能だからである

（一六六頁）。かくして次のように言える。〈不可視の内面〉という（三人称も一人称も有さない）特性が、自由と二人称が結びつくことの根拠なのだ、と。

一人称への二人称の転用

以上のように自由意志は不可視の内面をもつ「あなた」に根をもつ。だがひとは自分を自由と見なすこともあるではないか。自由は「私」と結びつくことがある。こうした事態を青山はどう説明するのか。

この点は――すでに予告したが――〈一人称への二人称性の転用〉で説明される。例えば私は、「あなた」において第一義的に見出される〈不可視の内面〉を、自分のうちに見出すことがある。そして、その結果、私は自分を自由と見なす。青山自身曰く、

自分自身を他者として見ることで自己認知の材料を増やすのではなく、逆にその材料を減らす――自分自身に不可視な領域を設ける――ことによって、自己を自由と見なしうる［…］。（一七八頁）

言い換えれば、自分を自由と見なすことは、自分に「不可視な領域」を設けることでも

ある。こうすることで私は自分に〈予測できなさ〉や〈規則への取り込まれなさ〉を付与する。

だがこれは具体的にどういうことか。青山は〈一人称への二人称性の転用〉の意義を複数の角度から説明しているが（一七八―一七九頁）、ここではよりピンとくるだろう事例を加えたい。それは創作などのクリエイティブな活動のケースである。

作品をつくるのは或る意味で作者以外の誰でもないのだが、作り手はときに自分で動機や理由を語ることのできない方向へ進んでしまう。いわゆる「内なるデーモン」に導かれるようにして、自分の予想しなかった何かを創ってしまう。規則へ取り込まれない自由な創作――これを行なうとき、ひとは自らのうちに「他者」を見出さざるをえない。

この例に即せば重要な洞察が得られる。よくよく考えれば、すべてが見えてしまう一人称的空間のうちには、新たなものが到来する不可視の「源泉」がない。私は、私の手持ちの道具立てから出発し、私の仕方でそれを加工する――これは真の意味で「創造的な」行為ではない。逆に、私の内から新たな何かが「クリエイティブに」生み出されるさい、私は〈自分さえも予期しなかったもの〉を創り出す。創造には不可視性が伴う、ということだ。

「あなた」の不可視な内面性と創造性（クリエイティビティ）とが結びつく、という事態は無視できない神学的意義をもつのだが（例えば神はしばしば「あなた（Tu）」と大文字の二人称で呼ばれる）、この点へ踏み込むことは本書の射程を超える。いずれにせよ青山の分析においては、根源的な自由は「あなた」という二人称と関わっており、二人称性が一人称へ転用されることで「私」に自由意志が認められるのである。

自由意志の現象学

いったい青山は何に取り組んでいるのか――この点について一段上のレベルから解説しておくことは理解に役立つかもしれない。

青山はいわば自由意志の現象学に取り組んでいる。すなわち《自由意志は私たちにとってどのような仕方で現れるのか》が考察されている。こうした観点からは、自由意志はその基礎を〈あなたの内面の不可視性〉のうちにもつと言われうる。ひとが「自由意志」という概念を獲得するのは、「あなた」とのやり取りにおいてである。

同時に青山はいわば「人間の生活形式」の解明に取り組んでいる。ここで「人間の生活形式」とは〈人間が人間として生きる限りつねに従っている型〉のようなものを指す。例えば私たちは、生きている限り、人間の共同体の中で「彼女」や「彼」や「あなた」や「私」という言葉を使いながらコミュニケーションを営んでいる。逆に「私／あなた／

彼・彼女」などに関わる区別をまったく含まない人間的生活などありえないだろう。この意味で、人称的区別は人間の生活形式の一部だ、と言える。

いま述べた点は自由意志の存在をめぐる問いへ重要な含意をもつ。「はたして自由意志は存在するのか」と問われることがある。ここで――〈離島などで生涯孤独に生きる〉というおそらく不可能な例外的ケースがあるかもしれないが、いずれにせよ――いかなるひとも「あなた」という語が用いられうる世界を生きている。それゆえ私たちにとって自由意志はつねに存在しうるし、しかもしばしば現に存在する。なぜなら、私があなたと出会うたびに、そこに深い意味の自由が現象するからである。したがって青山の考えでは、私たちは人間として生きる限りつねに〈自由意志がありうる空間〉のうちに生きている。

この点に私たちは國分と青山の思索のアクセントの違いを見出しうるだろう。というのも、國分は多くの文脈で「自由意志」の概念に否定的な立場を採るが、青山は或る意味で「自由意志」概念の不可避性を指摘するからだ。この分析哲学者によれば〈他者を自由と見なす〉というのは私たちが人間として生きる限り避けられない。とはいえ彼は――この点で國分と軌を一にすることになるが――同時に自由意志の「幻想性」も認める。《二人称的自由が私を困らせる》という第一の不自由論に加えて、青山は（これから見るように）自由意志の存在を徹底的に否定する第二の不自由論も提示する。

いったんまとめよう。

本章のはじめに私は、青山は人間の生の相対性と絶対性の両側面に惹かれている、と述べた。じつに私たちは「私」や「あなた」という語を用いた人称的コミュニケーションを止めることはできないが、ここから《人間は人間として生きる限り決して自由意志の存在を認める関わり合いから逃れられない》という命題が帰結する。この意味で〈自由意志の存在を認めること〉は人間の生の絶対的な部分だと言える。とはいえ――ここからがこの哲学者の議論の面白いところだが――青山は、人間をいわば「外から」眺め、人間の生を相対化するような思索も展開する。こうした思惟の歩みにおいて、いまから見るように、不自由の極北が見出されるのである。

分岐問題、そして決断の不可能性

青山によれば、一歩退いて考察すると、「自由意志」という概念の矛盾が気づかれる。自由意志とは〈世界の進展のさまざまな可能性のうちからひとつを選び取るもの〉である。とはいえ時間の中に生きざるをえない人間はこうした選択を行なうことができない。これは論理的に導き出されうる事柄である。以下、確認しよう。

「自由意志」概念の不整合を示すさい、青山は「決断の瞬間」をめぐる次の問いを提起

する。それはこの哲学者が「分岐問題」と名づける問いだ（三四頁）。曰く、

> さまざまな歴史の可能性は、樹形図としてしばしば表現される。過去から未来に向かって枝が分岐していく樹形図として。樹形図上のどの時点から見ても過去の歴史は一通りだが、未来の歴史はいくつもある。人間は決断をすることによって、このたくさんの可能性の枝から、ただ一つの現実の枝を選択していくように見える。でも、それは本当だろうか。もし人間の決断によって枝が選ばれるのだとしたら、その瞬間は樹形図のどこにあるのか。（三一―三二頁）

すなわち、複数の可能性の中からひとつを選び出す決断は、歴史の時系列のどこに位置をもつのか。この点を論理的に考察すれば、文字通りの「決断」がありえないことが分かる。

第一に**図1**のように《分岐点に決断Xがある》と仮定しよう。すなわち、AとBへ進みうる歴史の分岐点に決断Xがあり、こ

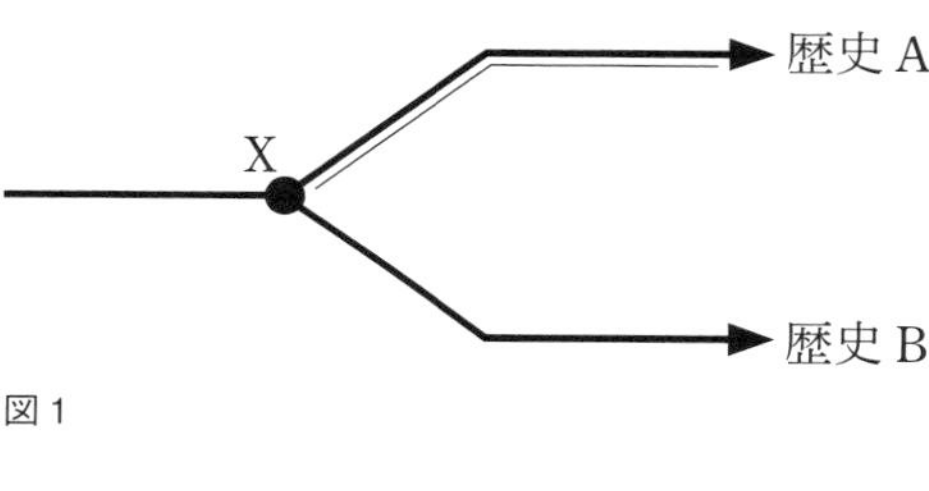

図１

の決断の結果としてAへ進むことが選ばれた、と仮定しよう。ただちに気づかれるのは、分岐点の時点はいまだBへ向かいうる、という点だ。それゆえ分岐点上のXは〈BではなくAのほうに決める〉という力をもたない。なぜならAのほうに決める決断はBへ進む可能性を遮断していなければならないからである（とはいえ、いま見ているケースではXはまだBへ進む余地を残しているので、それはAに決める決断でありえない）。それゆえ決断は分岐点のうえに存在しえない。

では決断が**図2**のように分岐点の前にあることはありうるか。この場合も——先とほぼ同様に——X以後も歴史はBへも（Aへも）向かいうるので、Xは〈BではなくAのほうに決める〉という力をもたない。それゆえ、決断は決して分岐点の前に位置しない、と言える。

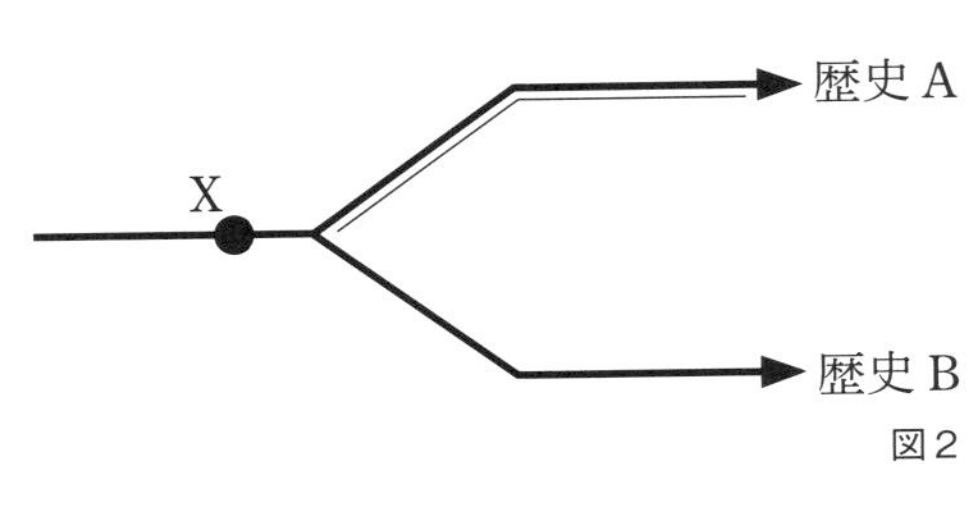

図2

となると、もし「決断」なるものがあるとすれば、それは**図3**のように分岐点の後に来るしかない。

とはいえこの場合、Xの時点においてすでに歴史がAへ向かうことが決まってしまっている。それゆえXは〈BではなくAのほうに決める〉という力をもたない。以上の議論の結論は次。すなわち、決断の瞬間をどこに置いたとしても矛盾が生じる、と。

これは論理的に避けがたい結論だ、と強調せねばならない。より正確に言えば、歴史の

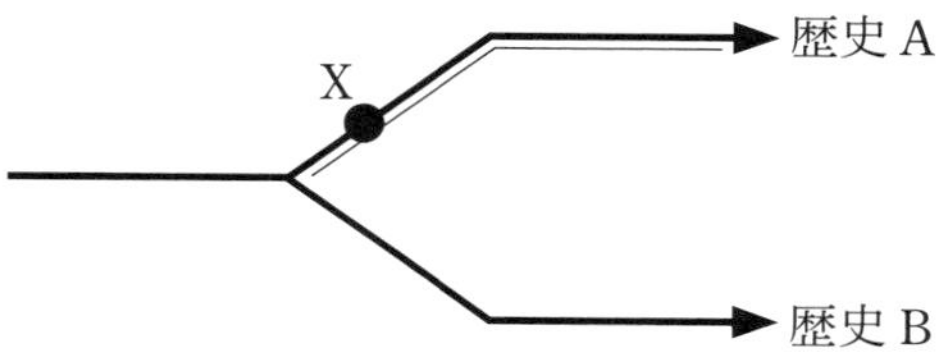

歴史A
X
歴史B

図３

可能性を樹形図として表すという自然な見方を採用する限り、《決断の瞬間はどこに置いても矛盾を生む》という結論は避けられない。それゆえ、深い意味の「自由意志」が歴史の選択の側面をもつと言えるならば（これはそう言えると思われるが）、自由意志の存在も論理的にはありえないことになる。

注意点をひとつ。ひょっとすると《決断へ時間的幅を与えれば問題が回避されるのではないか》と考えるひとがいるかもしれない。とはいえそれは核心的な問いを先送りするに過ぎない。なぜなら《その時間的幅のどこで歴史の選択が決定したのか》が問われざるをえないからである。以上より――結論を繰り返せば――「決断」の概念は矛盾を含む。それゆえこの概念を部分とする「自由意志」もまたありえないことになる。

以上の議論は、容易に気づかれるように、國分の立場と呼応す

る。このスピノザ研究者はハイデガーに即して、人間は決して〈始まり〉に立つことがない、と述べた。青山の議論はこの点を論理的にサポートする。理を尽くして考えればまさに「意志が始まりを所有したことなどあったためしがない」と言えるのである。

私たちは「自由意志」の概念に縛られている

とはいえ押さえるべきは、青山は決して単純に《自由意志はない》と言っているのではない、という点だ。なぜなら――思い出していただきたいが――この分析哲学者は、人間は人間として生きる限り自由意志の存在を認めざるをえない（というのも人称的コミュニケーションからは抜け出せないので）、と指摘していたからである。青山の議論には無視すべきでない「複層性」がある。そして《それがどのような仕方で複層的なのか》を理解することが彼の議論の精神を摑むさいに肝要である。

じつに、《人間は人間として生きる限り自由意志の存在を認めている》という第一層の指摘に留意すればするほど、《自由意志はありえない》という第二層の指摘の重大さは増す。論理的に考えると「自由意志」がありえないことが分かるのだが、この点を理解したとしても私たちは日常生活において互いに自由意志を認め合うだろう。「自由意志」の観念は人間の生活に「根深く」組み込まれているのである。

同じ点を逆から記述すれば以下。私たちは、「あなた」や「私」や「彼女／彼」などの人称的表現を用いてコミュニケーションしながら、つねに自由意志の存在の認められた空間を生きる。とはいえ、前節で見たように「自由意志」は矛盾しており、それは存在しうるものではない。となると人間の生活は一種の幻覚あるいは幻想を含むと言える。要するに、人間として生きる限り払拭されない幻想――すなわち《自由意志は存在する》という幻想――がある、ということだ。

或る意味で、私たちは「自由意志」の観念に縛られている、と言える。自由意志は存在しないという主旨の文章を公表するひとでさえ、人称的コミュニケーションの中で自分の考えを述べる点で、無自覚的に自由意志の存在を認めてしまっている。青山の議論は〈自由意志の否定しがたさ〉に自覚的である。その結果、彼の自由意志否定論は――繰り返し予告したように――私たちを不自由の極北まで連れていってくれる。以下、詳しく見てみよう。

「無自由」という不自由の極北

思慮の浅い自由意志否定論は例えば次のように言う。人間には自由な意志がないので、脳や遺伝や環境などの物質的機構がすべてを決めてしまっている、と。言い換えれば、私たちは一種の「操り人形」であり、それを操っているのは脳や遺伝や環境などの私たちのコントロールを超えた存在だ、ということ。この種の自由意志否定論は、《人間以外の何かが人間の行動を決めてしまっている》と述べることによって、ひとびとを驚かせようとする。

青山はこうした議論が中途半端だと考える。なぜなら《決断の瞬間はありえない》とする彼の議論は人間以外にも当てはまるので——じっさい分岐問題は脳・遺伝子・環境の決定についても生じうる——「脳が決める」や「遺伝が決める」などの言い回しもまた不整合を含むからだ。けっきょく「脳が決める」という言い回しは無自覚的に脳を擬人化し、脳に自由意志を認めるものである（遺伝子や環境についても同様）。自由意志を本当の意味で否定しているならば、《何かが何かを決める》などと主張することはできない。

青山の根本的な主張は次である。すなわち、〈自由意志を否定する〉とは一切の「決める」を否定することだ、と。自由意志の否定された空間においては、何かが何かを選んだり決定したりすることはない。すべてはただ生じる。いわば無主体的な出来事が起こるのみである。そこには「する／される」の区別はない。主体の欠けたたんなる「出来事」の荒野——これが自由意志を否定するさいに現れる世界である。青山は、こうした「する／される」の区別のない境地を、言い換えれば《自由か強制か》がもはや問題にならないような「ただ在る」という境地を、「無自由（afree）」な世界と呼ぶ（一五七頁）。

青山は《私たちはふだん人称的コミュニケーションにおいて互いに自由意志を認め合う》という事態と《その背後に「ただ在る」という無自由な世界がある》という事態との両極をしかと把握している。これに対して「脳が決める」などの言い回しは両極のあいだを中途半端に漂う。青山曰く、

> ［…］人間は自らの自由をそれが何なのか不明確なままに脳に比喩的に譲渡することにより「不自由」な存在となるが、この構図はどこまでも、われわれ人間の側から意味を与えられたものだ。脳がわれわれに何かを「させる」ことができるのは、脳を自由の主体として擬人化しうる限りにおいてのことであり、その擬人化が終わるとき、「させる／される」という観点もまた消える。（一八八頁）

けっきょく「脳が決める」などの考えはいまだに「自由意志」の概念に縛られている（なぜなら脳を決定主体と見なしているので）。それゆえそうした考えは自由意志が本当に否定されたときに姿を現す無主体の荒野を見通していない。こうした荒野ではもはや「主体」や「行為」の概念が成り立たない。それはレトリカルに言えば「雨が降る（It rains）」などの

非人称表現こそが的確な空間である。

「不自由」という語はしばしば《他者の行為によって自分が何かを強制される》という事態を意味するが、自由意志の根本的な否定はこの意味の「不自由」も不可能にする。なぜならそこでは他者が何かを「する」ということがありえないからだ。それゆえ青山は自由意志の否定された境地を、「不自由」でなく「無自由」と呼ぶ。そこでは「自由／不自由」の区別すら廃棄されている。世界の根底にこうした無自由な相があること――かかる〈不自由の極北〉を見せてくれるのが青山の不自由論の強調すべき意義である。

青山と國分の関係

ところで「無自由」は國分の言う「中動態」と同義でない――という点は注意せねばならない。青山は本書で取り上げる哲学者のうちの誰よりも世界の「不自由な」側面へ迫っている。その結果、青山は「中動態／能動態」の区別すら廃棄される地点に到達している。こうした無自由な世界はいわば〈もはや引き返すしかない極地〉であって、この分析哲学者自身も或る意味で私たちに引き返すことを奨める。というのも〈世界が無自由であることを根拠として何らかの実践的な提案を行なうこと〉は自己矛盾するからである。

例えばカナダに生まれイギリスで活躍した哲学者テッド・ホンデリックは自由意志の不

在を根拠に実践的提案を行なう。曰く、たしかにひとは、自由意志の不在を知ったうえでも、応報的な刑罰（すなわち不正を行なった者へ苦しい報いを返す意味の刑罰）などの実践をこれまでどおり続けることができる。とはいえホンデリックは、自由意志がないことを踏まえて私たちは自由意志の存在を前提する実践（いま述べた応報的な刑罰など）を止めるべきだ、と主張する。自由意志の不在へのこうした応答――すなわち自由意志の存在を前提する実践を廃棄しつつ人間的生を維持するという応答――をホンデリックは「肯定」と呼ぶ。

青山はこうした提案の問題点を指摘する。曰く、

［…］〈肯定〉という返答には問題がある。「鎮静および慰安ではなくて、むしろ、決定論を真に信じることこそが、〈肯定〉という返答に真に成功することをわれわれに可能ならしめるであろう唯一のものである」とホンデリックは議論を結んでいるが、そのように信じようと「する」ことなどできない――そのような諸可能性の選択などありえない――というのが、この世界が無自由であることの帰結である。（二〇六―二〇七頁、ただし傍点強調は原著者による）

ホンデリックは、「肯定」という応答を選ぼう、そのために自由意志がないことを信じ

よう、と提案する。とはいえ――青山が的確に指摘するように――自由意志がないならば、「選ぶ」や「信じるようにする」などの行為は可能でない。かくしてホンデリックは自分の主張の内容と矛盾するようなことを奨めていることになる。

無自由な世界は比喩的に述べたように「無主体の荒野」である。そこにはそもそも選択や決定や行為がない。かくして《世界は無自由なのだから私たちは……すべきだ》と提案することは複数の意味で自己矛盾している。なぜなら、まず《……すべき》と行為を促している点で自己矛盾しているが、加えて「提案」という行為をおこなおうとしている点でも自己矛盾しているからだ。

世界の無自由な相をそれとして理解するとき、ひとは「無自由」それ自体からいかなる実践的な指針も得ようとしないだろう。この点は青山自身が強調している。世界の無自由なあり方を指摘した章で哲学者曰く、

［…］本章で述べてきたのは、運命の受容の勧めではないし、自由意志をもたない存在として無我の境地に至ることでもない。あるいは、ホンデリックの言う〈肯定〉の態度を、意識的にとろうとすることでもない。そのような広義の「悟り」への意図は、無自由な世界に生きる無自由な私にとって無縁のものであり、本章の議論の精神をその根底

において裏切るものである。（二〇八頁）

要点を繰り返せば、無自由な世界には「起こる」のみがあり「する」がないために、「能動態／中動態」の区別も廃棄されるだろう。そこでは中動態が要請する「脆弱な」意味の主体すら存在しえず、《ただ在る》という存在の沈黙が世界の全域を支配する。

とはいえ、無自由な世界を瞥見し、そのうえで人称的コミュニケーションの世界へ帰ってくるとき、青山の議論は國分のやりたいことに大いに資するだろう。なぜなら自由意志をめぐる語りの幻想性を指摘する分析哲学者の議論は、中動態の改革的哲学者にとって、《意志に関する私たちの言葉づかいは変えていけるものだ》という希望をサポートするものでもあるからだ。無自由それ自体から実践的指針を得ることは邪道だが、無自由を垣間見たうえで思索を先鋭化させることにはいかなる問題もない。例えば「する／される」の二分法の不便さ（例えば依存症の理解を困難にすること）を中動態によって除去あるいは軽減する企ては《世界の真相は無自由であり「する／される」の二分法は絶対的な根拠をもたない》という認識によって間接的に後押しされうる。

青山自身にとっても無自由の世界は、ずっと留まってはいられない境地である。というのも――繰り返し指摘したように――彼自身が《人間は、人間として生きる限り、互いに自由意志を認め合う人称的コミュニケーションに巻き込まれている》と考えているからである。それゆえ、人間の言語コミュニケーションの様相がどのように変わりうるのか、は青山も見極めたいはずだ。この意味で國分の議論のほうも青山の関心に資するものだと言える。

本書で取り上げる六人の哲学者はそれぞれ異なる顔をもつのだが、その立場の表面的な対立は総じて《世界のどの側面をクローズアップするのか》の観点の違いに由来する。そしてすべての立場は根本的には〈不自由〉への眼差しという点で共闘しうる。次章で取り上げる千葉雅也もまた、人間の〈不自由〉を独特の仕方で論じつつ、他の論者の考えと「有機体的に」繋がりうる思索を展開する。お楽しみに、と書いて本章を閉じたい。

第三章　偶然の波に乗る生の実践
——千葉雅也『勉強の哲学』

勉強の哲学
来たるべきバカのために

千葉雅也

人生の根底に革命を起こす「深い」勉強、その原理と実践

勉強とは、これまでの自分を失って、
変身することである。
だが人はおそらく、
変身を恐れるから勉強を恐れている。

気鋭の哲学者による
本格的勉強論

文藝春秋刊　定価（本体1400円＋税）

実践の哲学者

個人的なエピソードから話を始めれば、二〇一五年一月三一日の昼過ぎ、私は立命館大学の衣笠キャンパスの某研究棟の一室でワークショップが始まるのを待っていた（私は発表者のひとりであった）。そこへジャージ男がやってきて、初対面の私と挨拶をかわし、すぐに煙草を吸うために部屋を出て行った。千葉雅也である。

千葉も——前章までに論じた國分および青山と同様に——《人間は自分の行動を意志の力でコントロールしている》という命題のリアリティへ疑義を表明する。自分の行動が何を生み出すかをあらかじめ考え、自分の望むものを生み出すことを意図して行為する、などと言えるくらいに現実の人間は自己をコントロールしているのだろうか。千葉によれば「否」である。むしろ論文集『意味がない無意味』（河出書房新社、二〇一八年）の序文で曰く、

考えすぎる人は何もできない。頭を空っぽにしなければ、行為できない。（一二頁）

千葉によれば、意味のあることを行なおうとする〈意味へのこだわり〉は、しばしば自

分の行動の意味を最大化しようとする「パラノイア的な」状態を招来し、それによって自縛を引き起こす。言い換えれば、無意味なことをしてはならないという「強迫観念」が却って行動の足かせになる、ということだ。それゆえ、行為するためには、どこかの段階で自分の意図や思惑を放棄せねばならない。そして自らを偶然性へ委ねなければならない。

このように〈自己を意志でコントロールする〉というやり方に疑念をもつ点で千葉は不自由論の系譜に属すのだが、彼は本書で取り上げるどの論者よりも〈行動すること〉を推奨する。なぜなら彼の哲学は「生成変化すること（devenir）」の楽しみに導かれているからである。このジャージの大学人は、生成し変化することが執着や固執から離れることでありそれ自体で喜びである、という事実を重視する。千葉の思索は私たちを絶えざる変化の場へ誘う「実践の哲学」である。そしてそこでは自己を意図的にコントロールするのとは別の仕方の「実践」が語られる。

本章は千葉の実践の思想が最も具体的に展開された二〇一七年の『勉強の哲学──来たるべきバカのために』（文藝春秋／増補版、文春文庫、二〇二〇年）とその思想と連動する二〇一九年の小説『デッドライン』（新潮社）を読み解く。なぜ他の哲学的テキストを差し置いて文学作品を取り上げるのかといえば、理由は次だ。すなわち、《哲学者・千葉雅也が小説家へ生成変化する》という出来事を考察することは彼の思索の理解に欠かせないからである、と。とはいえ千葉の最近の本をひもとくに先立って、彼を一躍有名にした二〇一三年の著書『動きすぎてはいけない――ジル・ドゥルーズと生成変化の哲学』（河出書房新社／河出文庫、二〇一七年）を瞥見しておこう。

非意味的切断

『動きすぎてはいけない』はドゥルーズ研究書であるが、「切断論」と題された序論は千葉自身の立場を前面に押し出す。その議論は、行動する人間がそうあらざるをえない姿を「非意味的切断」という語で記述する。いったい「非意味的切断」とは何か。

情報化された社会では情報の取捨選択が必要だ、と言われることがある。なぜなら、考慮可能な情報をすべて集めてから行動しようとしても、社会に流通する情報の膨大さがただちにそれを不可能にするからである。だから「有能な」ビジネスマンは、信頼できる情報源を得ようと苦心するし、ときに情報不足のリスクの中で決断を行なうだろう。情報の氾濫のもとで自己の利益を最大化するためには、敢えて〈情報不足〉を選ぶ必要がある――と言えるかもしれない。

このように何かを行なうさいには執着の断ち切りが必要である。とはいえこうした「切断」には少なくとも二種類がある。

一方で、《情報を集める作業をここで打ち切るのがベストだ》という意図に導かれながら情報収集を止めて次の行動へ移る、などの過程を千葉は「意味的切断」と呼ぶ。なぜならこうした決断に関しては、主体は作業を途中で止めることを有意味と見なしているからである。この場合、仮に主体が「なぜその時点で止めるのか」と問われた場合、彼女あるいは彼は「しかじかだからだ」と答えることができる。このように意味的切断は主体の意図のコントロールのもとにある。

他方で非意味的切断はそうではない。千葉曰く、

すぐれて非意味的切断と呼ばれるべきは、「真に知と呼ぶに値する」訣別ではなく、むしろ、中毒や愚かさ、失認や疲労、そして障害といった「有限性 finitude」のために、あちこちを乱走している切断である。（三六頁（二〇一三年版、以下同）、ただし傍点強調は原著者による）

主体の理知のもとでの行動の中絶が「意味的切断」と呼ばれたのに対し、中毒・愚かさ・失認・疲労・障害などの〈主体の意図の外部のファクター〉によって行動が中断されることは「非意味的切断」と呼ばれる。そして――ここからが面白いことだが――千葉

は、従来の実践哲学が非意味的切断を「二次的なテーマ」と見なしてきたことを批判し、このタイプの切断の重要性を指摘する（三七頁）。彼によれば、非意味的切断は人生において無視できない意義をもつ。とはいえいかにして中毒や愚かさによる「切断」を肯定的に捉えうるのか。

千葉の「非意味的切断」の重視は、私たちの素朴な自己イメージへの批判と連動している。私たちは自分の行動を意志によってコントロールすることに価値を置く——その結果、私たちは《自分は行動の結果を制御する主体だ》という自己イメージをもちがちである。とはいえ、現実をしかと眺めれば、多くの創造的な出来事が非意味的な切断によって生まれていることが分かる。曰く、

> 或る時点のTwitterのタイムラインに切りとられた不完全な情報によってふるまいを左右されかねない——掘り下げて調べる気力すらなく——といった痴態。あるいは、SNSのメッセージをひとつ見逃していて——疲労のために——、或る会合への参加を選択できなかったことで、別の行動が可能になること。意志的な選択でもなく、周到な「マス・コントロール」でもなく、私たちの有限性による非意味的切断が、新しい出来事のトリガーになる。（三七頁）

例えば私がかつて書いた本の一冊は、それ以前に知り合いでもなんでもなかった編集者が半ば「賭ける」ように私へ送ったメールに対して、たまたま時間的余裕のあった私が応答したことを端緒として出版された。そこでは、控えめな礼儀正しさや計画的な用意周到さはスキップされ、いきなり本作りがスタートした。仮に最大限「有意味に」行動しようという執着が編集者や私にあったならば、あの作品は日の目を見なかったであろう。無思慮な「見切り発車」が何かを生み出すことがあるのである。

見逃してはならないのは、先の引用で千葉は《非意味的切断は現に遍在する》という人間の現実を指摘している、という点だ。人間の生活における多くの出来事は、事実として、偶然を発端としている。かくして《私たちは生活を意図によってコントロールしている》という自己イメージはせいぜい狭い範囲で妥当するに過ぎない。そしてむしろ、私たちはたえず偶然性の波のうえにいる、という自己イメージのほうがリアリティを具えるだろう。

非意味的切断は現に遍在する——という認識から導かれる千葉の実践的提案は明快である。曰く、

> 私たちは、偶然的な情報の有限化を、意志的な選択（の硬直化）と管理社会の双方から私たちを逃走させてくれる原理として「善用」するしかない。（三七―三八頁、ただし傍点強調は原著者による）

すなわち、非意味的切断は事実としていたるところで生じているのであるから、私たちはそれを何かしらの意味で有効活用する以外にない。じっさい「意志的な選択」と「管理社会」へ生における大切なものを委ねることは危険である。なぜなら、そもそも人間が意図的にコントロールできるものの範囲は限られており、その狭い領域は広大な偶然性の海のうえを不安定に漂っているに過ぎないからだ。かくして、より力強く、より創造的に生きるためには、意志的コントロールの威力を過信すべきでない。むしろ、偶然性の深淵から発する非意味的切断の波に乗って、無数の水分子がひしめき合いながらつくる多型的な波の斜面を滑走するしかない。

偶然性の活用は勉強の効率性と創造性を増す

『勉強の哲学』は《いかにして非意味的切断の「善用」を行なうのか》のひとつのやり方を語る。勉強は、意外かもしれないが、本質的な点で意図のコントロールが役に立たない。なぜなら《いま取り組んでいる勉強が自分をどこへ連れていくか》は勉強する者にとって前もって知られないからである。それゆえ勉強は〈自分の求めていたものを得る〉という行為ではない。むしろそれは〈そうでなかった自分に成る〉という生成変化である。そして――後で見るように――自己変容の過程にとって偶然性の波に乗ることは無視できない有用性をもつ。

こうした点を千葉は理論的に説明する。その議論を追うに先立ち、《勉強と非意味的切断がじっさいに関連している》という事実を具体的次元で予備的に確認しておこう。

例えば「勉強の完璧主義者」は一冊の本を最初から最後まで通読しようとするかもしれない。とはいえこれは勉強を「苦行」にしてしまう。なぜなら、例えば教科書は内容の豊富さからそもそも通読が困難であるのが常であり、敢えてそれを読み通そうとすれば〈楽しくない読書〉を行なうことになるからだ。さらに言えばそもそも「通読」という観念も怪しい。これについて千葉曰く、

読書と言えば、最初の一文字から最後のマルまで「通読」するものだ、というイメージがあるでしょう。けれども、ちょっと真剣に考えればわかることですが、完璧に一字一字すべて読んでいるかなど確かではないし、通読したにしても、覚えていることは部

分的です。
通読しても、「完璧に」など読んでいないのです。（一七九頁〔二〇一七年版、以下同〕）

要点は決して《だからイイカゲンに読めばいい》ということではなく、むしろ《完璧主義のために勉強が苦行になったら本末転倒だ》ということ。勉強を続けていくためにはできる限り楽しくする必要がある。そして――多くのひとが経験から知るとおり――勉強においては、一冊の本をある程度読み進めて「これ以上は行けないな」と感じると別の一冊へ向かう、というやり方のほうが享楽は多く意欲も持続する。もちろんノッてきて一冊の本に数週間付き合うという場合もあるにはあるのだが、「これを読み切ってから次へ進むぞ」と決意することは不要な自己束縛になる。

だがなぜそれは不要なのか。その理由は、本は現実にいろいろな原因によって読み進められなくなる（しかも頻繁に！）、という点にある。例えば同じ話題に飽きてきたとか、本の個別部分への関心が膨らんで他の本が読みたくなったとか。それゆえ、勉強を続けるには、〈不意に読めなくなったときに軽快に中断してとりあえずイケる本を開く〉という柔軟な姿勢――すなわち非意味的切断を受け入れる姿勢――こそが重要になる。偶然性を嫌わないこと。そして偶然性が却って面白いものを生み出すのではないかという希望をもつこと。こうした態度は勉強の効率性だけでなくその創造性も増しうる。

——以上が勉強と非意味的切断の連関を例示するひとつの具体的ケースである。他方で『勉強の哲学』は、より原理的な議論を通じて、〈偶然の波に乗る勉強〉のイメージを彫琢する。すなわち千葉は、「言語」の機能への反省および「ユーモア」の重要性の確認を踏まえて、自身の根本的な勉強観を提示する。以下、その議論を一歩ずつ確認しよう（非意味的切断の話題がふたたび前景化するのは「こだわりの偶然性」節においてである）。

環境のノリの束縛と言語のコード

千葉は——國分や青山の思索と並行的だが——「言語」の考察から出発する。というのも、深い仕方の〈勉強〉のイメージを作り上げるには、人間の生活の根本的な次元へ、すなわち言語という次元へ、目を向ける必要があるからだ。

千葉は言語のうちのふたつの重要な側面を区別する。一方の側面は〈人間を束縛すること〉に関わり、他方の側面は〈人間を自由にすること〉に関わる。まず束縛の側から見ていきたい。

具体的な話から始めよう。

例えば編集者と話をするとき私は学者や著述家のノリで振る舞うが、地元の友達と会うときは中学生や高校生のノリに戻る。いや、より正確に言えば、地元の友達と会うときに職場のノリを維持することはできない。この意味で、例えば同窓会に出席するさいには、地元のノリを「強いられる」とさえ言える。

とはいえ私は、友人と会うとき、めったに「あ、自分は友達的なノリを押しつけられているな」などと考えない(むしろ無自覚にじゃれ合いへ参与する)。じつに《特定のノリを強いられる》という事態は無意識の水準で生じている。すなわち、特定の環境は私を特定のノリで縛るのだが、そうした束縛はたいてい気づかれない。この意味で千葉は言う。

自分は、環境のノリに、無意識的なレベルで乗っ取られている。(二九頁、ただし太字強調は原著者による)

「環境のノリによる無意識的束縛」と名づけうるこうした事態は、日常生活でほとんどつねに生じている——この指摘は容易に理解できる。ところで千葉は《こうした束縛がいかなる仕方で生じるか》を問う。いったい何がノリという「環境のコード」を成立させるのか。答えは「ノリは言語を媒体として生じる」というものだ。

例えば「マリファナは悪いものか」と問われる場合を考えよう。私の属す狭い言語共同体ではつねに「良いものではない」と答えられる。ハッパは悪いやつのアイテムだ、というのが私の環境のノリである。とはいえ環境が異なれば「お祝いにハッパしようぜ」などと悪意なく発言されるだろう。このように「……は良い」や「……は悪い」という言葉づかいは環境に応じて異なる。

押さえるべきは、各々の環境におけるノリの違いは言葉の使用法の違いと相即している、という点だ。マリファナをめぐってどんなノリで振る舞うかは《マリファナをどう語るか》と本質的に結びついている。一般的にノリが異なれば言葉づかいは変わる。あるいは逆に、《この場合にはこう言うものだ》という言語のコードが異なることによって、職場のノリ・地元のノリ・家庭のノリなどは区別されるのである。

以上より言葉の「束縛的」側面が指摘できる。千葉は以上の議論を抽象化して次のように言う。

[…]言語は、環境の「こうするもんだ」＝コードのなかで、意味を与えられるのです。だから、言語習得とは、環境のコードを刷り込まれることなのです。言語習得と同時に、特定の環境でのノリを強いられることになっている。（三三頁）

ここでは、言葉の用法を学ぶことは同時に特定の規範（コード）に縛られるようになることだ、と言われている。例えば大学の多くは学生に「カント」や「ハイデガー」や「ウィトゲンシュタイン」を〈偉大な哲学者を指す名前〉として用いることを教え、多くの学生がそれに縛られる。あるいは若者は自然なやり取りの中で、こういう場合には「すごいっすね」と言うものだ、と学習する――「すごいですね」というかしこまった言い方だと場にそぐわないということである。言葉づかいを身につけることは振る舞い方を特定の「レール」のうえに置くこと。この意味で、言語には〈束縛〉の側面があると言える。

〈或るノリから別のノリへ移行すること〉としての勉強

議論を次のステップへ進める前に注意点がふたつ。

〈ノリの束縛〉は勉強というテーマとどうかかわるのか。一定のノリにうまく従えているとき、ひとはその心地よさに浸って、敢えて変化を求めないかもしれない。この意味で、個別のノリに安住することは一種の硬直状態である。そしてそれは特定のものに縛られている点で「不自由」でもある。かくして、自由になるためには、自分を現在縛っているノリを自覚化し・それを破壊し・別のノリの中へ入っていかねばならない。こうした〈古いノリを脱して新しいノリへ向かう〉という過程が、千葉の言う「勉強」である（一三頁)。

もう少し具体的に考えてみよう。或る職場に身を置きそこで仕事を学ぶとは、《こういう場合にはこうするものだ》を身につけることである。数年かければ、そうしたことは一通り体得できる。とはいえ勉強は続く。例えば取引先のやり方がよさそうだと感じたとき、自分たちの従来のノリを放棄し(そのさい同僚から反発があるかもしれないが)、向こうの作法を取り入れてみる。そうすれば新たな何かが生まれるかもしれない。

以上のように、千葉によれば、勉強とは〈特定のノリから自由になる〉というプロセスだ。曰く、「私たちは、同調圧力によって、できることの範囲を狭められていた」(一九頁)。こうしたノリの束縛を脱する過程が「勉強」なのである。

とはいえ――第二の注意点だが――いかに特定のノリから自由になっても、一切のノリから自由な境地に至ることはできない。なぜなら、個々人はそのつど特定の言葉づかいに縛られており、そこを超越することはできないからである。これは青山が人称的コミュニケーションに参与することを人間的生の不可避的条件(いわゆる「生活形式」)と見なしたことと軌を一にする。何かしらの言葉づかいのコードの中にいること――これが千葉にとっての人間の生活形式である。

それゆえ特定のノリから自由になることは、別の(特定の)ノリのうちへ入ること以外でありえない。それゆえ勉強は、解脱や脱自などの「垂直的」運動ではなく、生成変化という「水平的」運動である。特定のノリに縛られるのが長くなれば長くなるほど、私たちの生の可能性は縮減し、その内容は乏しくなる。それは楽しさの少ない道だ。それゆえ――千葉はこう提案する――ぜひとも変化を志向し、生の内実を豊かにしようではないか。人生はときに停滞し不活発になりうる。この状態を打破するため生成変化の速度をあげること。千葉の言う「勉強」にはこうした機能もあるのである。

言語の物質性が既存のコードをズラすことに役立つ

すでに私たちは言葉の「束縛的」側面を見たが、千葉によれば、言語は私たちを自由にする側面も有する。それは「言語の物質性」に関わる（四七頁）。以下、確認しよう。

例えば「リンゴ」という言葉がある。特定の環境はこの語の規範的な用法を設定し、その環境下にいるひとはそれに縛られる。その結果、「あそこのリンゴは美味しい」とか、（関西では）「モモコよりもリンゴのほうが司会向きだ」とか言われたりする。

とはいえ話はこれで終わらない。私たちは――環境のコードがあるにもかかわらず――束縛のない仕方で「リンゴ」という語を用いることもできる。例えば千葉は「言語には、現実に縛られない独自の自由もあります」と指摘したうえで次のように論じる。

アイロニーとは何か。例えば千葉は次のようなケースを取り上げる。

たとえば、何人かでケーキ・バイキングに来ている状況を考えてみましょう。「クリームが滑らかだね」とか、「メロンがいい香り」とか、無難に感想を言っていて、それで「そっちのはおいしい？」と声をかけられた。で、わざとアイロニーで答えてみる。

「……おいしいって答え以外、許されてるの？（笑）」とか、どうでしょう。（八〇頁）

このように「アイロニー」は、自分たちが従っているコードから一歩退いて、それを客観視する姿勢を指す。アイロニーを実践するひとは環境のコードから離れてノリが悪くなっているのでしばしば厭（いと）われるが（この点はいま見たケースからよく分かる）、それでも勉強の第一歩としてこの態度は不可欠だと言える。なぜなら、現在のノリの支配を脱するためには、《それがどのようなノリか》を客観的に自覚する必要があるからだ。

《私（たち）はいま……というコードに従っている》と自己の状態を客観的に捉えるアイロニーという姿勢――これは國分が明確に採っていたものである。曰く、現代に生きる私たちは「する」と「される」を対比する言語コードに従って生きている。こうした自覚が得られれば《別のコードもありうるのではないか》という希望も生じる。そして別の仕方へ移るための跳躍が次に見る「ユーモア」だ。

「ユーモア」とは、千葉によると、「コードから「ズレた発言」」である（九一頁）。そしてユーモアのズレは笑いを引き起こす。千葉はこれに関わる体験を語る。

> たぶん小学生のとき、冬の日に、「呼気（こき）が白いね」と言ってしまい、「呼気」という語を珍しがられ、周りにからかわれたことがありました。「息が白い」と言えばよかったわけです。「呼気」なんて普通は言わない。医学用語で「吐く息」という意味です。逆の言葉は「吸気（きゅうき）」です。これも普通は言わないですね。どこかで「吸気／呼気」という対を知って、うっかり使ってしまった。何か、勉強し始めていた時期だったのでしょう。
> （二一七―二一八頁）

千葉少年の「呼気」という語の予期せぬ使用を友人たちは面白がった。仲間たちは「コキって何だよ?!」とツッコんだことだろう。とはいえ、もし仲間たちが異物である「コキ」という語を楽しみつつ受け入れるならば、彼ら／彼女らは新しい語り方を身につけることになる。それによって、それまで語ることのできなかったことを、新しいノリで語ることができるようになる。

コードを逸脱した語りを生み出すというユーモアの実践——これを青山は自覚的に行なう。例えば「二人称的自由」という表現には「何で二人称と自由が結びつくんだよ?!」というツッコミが生じうる。とはいえ私たちは面白がりつつこうした表現を受け入れることもできる。そして、その場合、「自由」が新たなノリで語られることになる。

國分の「中動態」の奨めもまたユーモアの実践だと理解することができる。わざわざ古典ギリシア語まで遡って「する/される」の二分法に収まらない語り方をもってくる——なんと迂遠で「ズレた」仕事だろうか! こう考えれば学者はみな「壮大にボケ倒している」と見なされうる。とはいえそれは、笑いを誘うだけでなく、新たな何かを生むのである。

こだわりの偶然性

アイロニーによって従来のコードを自覚化したうえでユーモアによってそれをズラして新しいノリを創造する——これが千葉の提案する勉強のメソッドのひとつだ。とはいえ話はここで終わらない。以上の勉強論は、予告したように、〈非意味的切断の善用〉という話題につながる。

例えば（千葉の言う意味で）勉強を始めた学生が「私もユーモアによって新たなノリを創るぞ」と意気込んだとしよう。だがどの方向へズラせばよいのか。青山は「二人称的自由」を論じたので、自分はもう一周回って「一人称的自由」を語るべきか。あるいは「無人称的自由」まで行ってしまうべきか。千葉自身が「ユーモアによるコードの拡張は、原理的に、際限がない」と述べるように（九八頁）、ユーモアはどこにでも向かいうる。そうであればナンセンスを承知で「四人称的自由」へ行ってしまっていいのか。

ユーモアの原理的な際限なさにもかかわらず、ひとはそのひとならではのズレを実行しうる。なぜか。その理由は、千葉によれば、ひとは誰しも何かしらの「こだわり」を有しているからだ。例えば《あなたの存在が私を困らせる》という事態にこだわる青山は、「二人称的自由」を語ることが自分にとって面白いからこそ、他ならぬそれを語る。こだわりが快楽を生み、享楽がユーモアを方向づける。それゆえ、自らのこだわりへ身を任せるとき、ひとは自分ならではのユーモアを炸裂させることができる。

押さえるべきは千葉が〈こだわりの偶然性〉を強調している点だ。曰く、

こだわりとは、何なのでしょう。

何かの作品、あるキャラクター、味や色、言葉などへのこだわりをもっている。それ

> がなぜ自分にとって重要なのか、ある程度なら理由を説明できるかもしれません。しかし、こだわりとは、この身体にたまたま生じたもの、何か他者との偶然的な出会いによって生じたものであり、根本的に言って理由がない。こだわりには、人生の偶然性が刻印されている。偶然的な出会いの結果として、私たちは個性的な存在になるのです。
> (二〇六頁)

ここでは、ユーモアに方向を与える各自のこだわりが根本的には理由のないものだ、と言われている。それゆえ独自のユーモアは決して主体の意図的コントロールの純然たる結果ではない。むしろ、なぜか分からないが自分に具わっている「こだわり」の傾き(クリナメン)に導かれ、自分にとって楽しい仕方で「この場合はこうするもんだ」をズラす——これがユーモアの作法であり、勉強の神髄である。この意味で勉強には「偶然性の波に乗る」という相があると言える。

自分のこだわりに忠実なユーモアを実践することは楽しい。勉強を駆動しそれを加速させる原動力はこうした享楽だ。ここにおいて決して看過してはならないのは、千葉はひとのこだわりが変化しうる、と考えている点である。この哲学者は、自己に享楽をもたらす個人的こだわりを「自分のバカな部分」と概念化しつつ、次のように言う。

享楽的こだわり＝バカな部分は、おそらく変化可能である。勉強の視野を広げ、自分の享楽を分析しつつ勉強を続けることで、あるバカさが、別のバカさへと変化する。ラディカル・ラーニングは、自分の根っこにあるバカさを変化させる。バカでなくなるのではない。別のしかたでバカになり直すのです。（一七〇頁、ただし太字強調は原著者による）

要するに、深い意味の勉強――千葉はこれを「ラディカル・ラーニング」と呼ぶ――は《個人が何から快楽を得るか》を変化させうる、ということ。そのつどのこだわりに即して楽しみながらコードをズラしていけば、いつのまにかこだわりそれ自体が変容し、違った自己になる。こうなれば以前とは違った仕方でものを楽しめるようになる。それゆえ私たちは、《なぜ自分はこんなことにこだわるのか》を「頭でっかち」に考え続けるのではなく、思考を切断して行動の享楽に飛び込むほうがよい。なぜなら、そうすることで生成変化の速度が上昇し、さまざまな「別の仕方」を享受できるからである。

小説のコードをズラす

自分がたまたまもっているこだわりの波に乗って楽しみながらコードをズラし同時に自己のモードそれ自体も変えていく――こうした〈非意味的切断を伴う生成変化〉が千葉の考える深い意味の勉強であった。

私事になるが、私のこれまでの知的歩みもこの概念でうまく捉えられる。もともと数理的な学問への関心から理学部に入学したのだが、形而上学的なこだわりから哲学を始めることになった。その後、近世哲学を学んだり、分析哲学へ鞍替えしたり、國分功一郎や千葉雅也の思索に興味を抱くようになったり。振り返れば私は生成変化の過程に身を置いていたのであり、いまは「J哲学」の本を書いている。

ところで――本章の最後の話題へ進むが――《哲学者の水準はそのひとが自らの思想を生きているかどうかで測られる》と指摘されることがある。仮にこれが正しければ、千葉は強度の高い哲学者だと言える。彼は自分の言う勉強を実践し、自己の可能性を広げ、目まぐるしく生成変化する――例えば小説を書くに至る。強い哲学者が「生成変化」の重要性を主張するときそれは口先だけではない。本章の残りの箇所では、この哲学者の実践の理解を深めるのに不可欠な作業として、小説家・千葉雅也の仕事のひとつを急ぎ足で確認したい。

中編小説『デッドライン』(新潮社)は二〇一九年に野間文芸新人賞をとる作品だが、それは大学院の修士課程に在籍する学生の物語である。あらすじや結末がどのようなものかはじっさいに読むことで知っていただきたいのだが、多くのひとを考えこませたひとつのパッセージは必ずや取り上げねばならない。それは本作の語り手である「僕」とその友人の知子が織り成すシーンである。

その場面では、修士論文の執筆に苦労する「僕」が、同じく修論に取り組む知子へ電話をかける。少し長くなるが注目すべき箇所を十全に引用しよう。

> 知子と話したくなった。電話をかけて、僕は挨拶もそこそこに、論文どうなってる？と聞いた。
> 「うーん、半分ちょっとかな」
> 「できそう？」
> 「できないとやばいよね」
> そりゃそうだが、僕の方は雲行きが怪しいから、まったく笑えない。知子の論文は四章構成で、すでに第二章まではできていて、第三章は夏休み中になんとかして、最後の章は秋に書く、と冷静にスケジュールを言う。
> 「テクストの現実を書けって先生に言われた」

「テクストの現実？」

「うん。いや、ドゥルーズにややこしい話があって、それをどう解釈するかなんだけど、解釈する前に、そのややこしい話をそのまんま説明したらいいってこと」

知子はケータイを耳に当てながら、お茶を飲もうとして冷蔵庫を開けた。そのとき、野菜室の引き出しにぼんやり映る黒い影を見て、ブロッコリーを一週間以上入れたままだったと気づく。見なかったことにする。すぐドアを閉めた。（一二三―一二四頁）

本作は「僕」を視点とした一人称小説と読めるので、引用箇所終盤の知子の観点から叙述が行なわれる箇所は読者に違和感を抱かせる。じつに、知子がブロッコリーに気づくという事態は「僕」からは観察できないので、それは「僕」の視点から語りうることではない――そして一人称小説の慣習のうちには《一人称の視点から観察されないことは語ってはならない》という作法がある。かくして引用箇所を読む読者は「どうなっているのか？」と困惑する。
千葉のやっていることは――本章のここまでの議論を踏まえれば――或る意味で「明快」である。この哲学者は小説のコードをズラしているのだ。何のためにかといえば、ひとつには読者に「何これ？」と考えさせるためである。一般に小説の質を測る基準のひとつは《それがどれほど幅広い解釈を喚起するか》である。先の引用を読む者はいろいろ考えたうえで「『僕』が知子になったのだ」や「男性を欲望する『僕』が女性へ生成変化した」などと理解するだろう。こうした解釈はどれも創造的でありうるが、それらを呼び起こしたきっかけが千葉のコードずらし（一種のボケ）である点は見逃すべきでない。

小説から唯一絶対の意味を読み取ろうとする場合、ときに「理解できない！」と絶望しうる。なぜなら第一義的にはズレだけがある（そしてそこに固定された意味があるわけではない）小説があるからだ。そうした小説については、その中に意味を発見するのではなくむしろその中へ意味を読み込むことが重要である。千葉は《自分の小説がどう読まれるか》を自身の意志でコントロールしようとしてはいない。彼はここでも自らのこだわりの偶然性に身を委ね、小説のコードを試みにひとつズラしてみる。はたしてここからどんな面白いことを読者は考えるか。――要するに、非意味的切断が活用されている、ということである。

第四章　身体のローカル・ルールとコミュニケーションの生成
――伊藤亜紗『手の倫理』

個別性の哲学

伊藤亜紗は不自由論の本流に属す。この哲学者が二〇一八年に公刊した『どもる体』（医学書院）は、或る単語を言おうとしたときにうまくそれをしゃべることのできない「吃音」という事態を論じる。美学を専門とする伊藤はしばしば身体をテーマとし、ひとが自分の意志で身体をうまくコントロールできない現象を考察する。じつに彼女においてアートの研究は、身体のアートをめぐる思索として、哲学的身体論へ繋がっている。そしてそれは人間の身体が生命の工夫の中で不自由さへ対処する美しさを描き出す。

その一方で伊藤の思索にはもうひとつの特徴がある。それは「個別性の哲学」と呼ばれうるものだ。伊藤はこのひとやあのひとが自分に生じる問題へそのひとらしい仕方で対処するという事態に惹かれている。そこでは普遍的法則の導出ではなく、個別的な生の記述が重視される。仮に哲学一般が普遍性をめざす傾向をもつとすれば、伊藤は「別の仕方の」哲学を試みていると言える。

個別性への志向——伊藤の思索のこの特徴は例えば吃音における「言い換え」の論じ方にも表れている。「言い換え」とは（当事者にとって使いにくい）或る言葉の代わりに同じ意味の別の表現を用いるという行為であるが、『どもる体』の第四章はこれを主題とする。

伊藤曰く、

たとえば、「おととい」という単語。Nさんは、これが大の苦手です（「とと」は破裂音二連続！）。そこで、この語を使わなければならないときには、「おととい」の代わりに「二日前」や「○曜日」に言い換えてしゃべるのです。（一二二頁）

「おととい」の苦手なNさんは具体的には「おととい渋谷に行った」ではなく「月曜日に渋谷に行った」と言う。これは自分のどもりやすい単語にたいする「対処法（治療法）」であるとも言えるのだが、事実はそれほど単純でない。

伊藤は、言い換えがひとによっては吃音の症状の一部である、という事態を見逃さない。例えば「言い換えをしてしまうと、本当の自分じゃなくなるので、ぼく的には嫌なんです」と語るIさんは、言い換えをよくないものと見なしている（二二六頁）。おそらく、自分がもともと言おうとしたのとは別の言葉を用いることは、Iさんにとって自分を否定することになるのだろう。こうした点をふまえると、素朴に《言い換えは吃音への対処法だ》とは言い切れないことが分かる。すなわち言い換えが一連の「吃音」症状の一環であるひともいるのだ。

個々の人間の個別のあり方を見る——これが伊藤の思考法である。かくして「言い換え」についてもこの美学者は次のように慎重に進む。

たしかに、一部の人にとっては、「言い換え」は純然たる対処法として機能しています。しかし、だからといってその分類を一般化してしまったら、症状だと感じている人を追いつめることになりかねません。「なぜ自分は言い換えを否定したくなってしまうのか……」。そんなふうに自分を責める気分になってしまうでしょう。（一二一頁）

伊藤の哲学は、できる限り個々の人間を抽象化せず、個別を個別として語ったうえで、多くのひとにとって役立つ何かが結晶化されることを目指す。それゆえ——この点は本章全体で見ていくことだが——伊藤の思索は特殊な意味の「倫理（ethics）」の領域へ向かうことになる。ここで言う「倫理」とは、後で述べるように、個々人が生をめぐる答えのない問題を考え抜く領域である。

他者性の倫理へ

本書でこれまで取り上げた國分・青山・千葉はそれぞれ切れ味鋭い概念やテーゼを研磨

する意欲をもつのだが、伊藤はそれと大いに異なる。この哲学者はむしろ抽象へ向かいがちな知性を具体的な現場へ引き戻すことに力を注ぐ。かくして、伊藤のテキストを読むさい、私たちは実在を明快な仕方で描き出す一般的な観念よりも多くの〈個々の人格の生における実践〉と出会うことになる。それゆえ私は彼女の仕事を、卓越した意味で「ルポルタージュ的」だと感じたりする（これに対して自分のそれは「コラム的」だと思う）。

とはいえ、國分・青山・千葉の各々がやっていることと伊藤の企ては決して対立するものではない、という点も強調せねばならない。じつに絶対的な哲学は存在せず、示唆に富む哲学もまた取捨選択の結果であり、或る方向の哲学を選ぶことは別の方向の哲学を（少なくともいったんは）諦めることである。それゆえ三人と伊藤の関係は「補完的な」ものだと言える。すなわち、一方が自らの取捨選択のために招来した〈手の届かぬところ〉を他方が首尾よくカバーする、ということだ。かくして、一定の現象が複数の角度からアプローチされることによって、事柄の理解は相乗効果的に深まる。

それゆえ本章では伊藤の記述する〈個人の生の実践〉をいろいろと見ていくが、その考察は最終的に國分・青山・千葉のそれぞれの立場と関連する。伊藤の不自由論はこれまで取り上げた哲学者のそれと重なる主張を行なう。ただし——以下の議論から明らかになるように——主張の仕方は有意に異なっている。

伊藤は、人間の生の具体的リアリティを記述しながら、（先述のように）特殊な意味の「倫理」の領域へ進んでいく。読者は《その倫理がどのようなものか》を摑むことによって伊藤の哲学のさしあたりの全体像を得ることができるだろう。それはこの哲学者の〈他者性へのこだわり〉に導かれており、「他者性の倫理」と呼びうるものだ。

本章は伊藤の「他者性の倫理」の大枠を理解することを目指す。この立場は二〇一九年の『記憶する体』（春秋社）および二〇二〇年の『手の倫理』（講談社選書メチエ）で展開されている。以下、順に見ていこう。

ローカル・ルールを記述すること

『記憶する体』は《個人の身体が時間をかけて固有の機能を得る》という身体的な記憶をテーマとする。重要なのは、こうした身体の記憶のあり方が個々人のあいだで異なる、という点である。それゆえ伊藤は「かくかくのルールに従えば身体をうまく使用できる」という普遍的方針を確立することを目指さない。むしろ、各人がいわば「ローカル・ルール」に従って自分の身体と向き合う、という生の現場へ読者の目を向けさせる。

いま「ローカル・ルール」という表現を用いたが、伊藤自身がこの語を用いて彼女の論じたいことを記述している。まずその議論を見てみよう。

問いをひとつ。あなたは「書き仕事」をするとき、どこでやればはかどるだろうか。世の中には自宅の食卓でしか書けないひとがいる。伊藤自身は近所のコーヒーショップで書くらしい（一二頁）。逆に家の書斎や大学の研究室などでは却って集中できないと言う。伊藤には、コーヒーショップでないと執筆がはかどらない、という法則が成り立っている。

なぜコーヒーショップだと書けるのか――伊藤は以下のように自己分析する。すなわち、かつてたまたま喫茶店で原稿を書いたらうまくいったので、その後もそこで「験担ぎ」のように執筆していたら、いつのまにか《コーヒーショップでないと書けない》と法則化された、と。こうした分析は他のひとの法則の説明にも応用できる。例えば、たまたま自室で書いていたひとがいつしか《自室でしかはかどらない》というルールを得るにいたる、など。個人的なルールは偶然が習慣化して形成される。

さて――ここからが重要であるが――伊藤は、一方で以上のように《個人の成功法則は偶然的なものだ》と認めるが、他方で《それでもその種の法則は必要だ》という点も強調する。なぜなら、この哲学者によると、個人が自分の身体と付き合うさいには何かしらの法則が不可欠だからである。その理由として曰く、

体は完全には自分の思い通りにならない対象です。落ち着かなきゃと思えば思うほど緊

張したり、睡眠不足なのに目が冴えて眠れなかったりする。そんなコントロールしきれない相手とそれでも何とかつきあおうとするためには、仮のものであったとしても、なんらかの法則を見出して対処するしかありません。（五頁）

ここで伊藤は身体の〈コントロールできなさ〉を強調している。身体は或る意味で「他者」であり、根本的なところでは「思い通りにならない」。例えば頻発する口内炎に悩む人がいるだろう（私がそれだ）。こうした不自由な身体と何とかやっていくには対処のやり方を工夫する必要がある。この意味で、生きていくことにおいて自分の身体にかんする個人的ルールは欠かせない、と言える。

伊藤の哲学の目標のひとつは、個人のこうした偶然的だが不可欠な「身体的」ルールを記述することである。伊藤は、こうしたルールが「まさにその人の体のローカリティ＝固有性を作り出」すと指摘したうえで、自分のやりたいことを次のように記述する。すなわち、

この体やあの体のローカル・ルールを記述すること。
その体の、他には代えがたいローカリティ＝固有性の成り立ちを解明すること。（七

頁)

個々の身体のローカル・ルールが作り上げられることは、身体が時間を積み重ねて記憶を得ることと密接に連関している。かくして伊藤は、この両現象を考察することで、身体的存在である私たちのあり方の理解を深めようとする。個別の身体をもつ人間がそれぞれの固有の問題をどう乗り越えて生きているのか——これが『記憶する体』の考察を導く問いだ。

身体のあり方が異なれば記憶のあり方も異なる

記憶と身体のローカル・ルールの関わり合いが顕著に現れる事柄のひとつが読書である。ひとは記憶との関連で小説などを読むのだが、伊藤曰く、

でも、その場合の記憶とは、基本的には健常者の体を基準としたものです。目が見えない人や、耳の聞こえない人にとっては、必ずしも身体的にリアリティのある内容とは限りません。(一一七頁)

すなわち、一般に小説の語りは〈目が見えて耳の聞こえるひと〉の観点から行なわれており、目の見えないひとや耳の聞こえないひとがそれを読む場合には違和感が抱かれうる、ということである。以下、具体的に見てみよう。

伊藤がインタビューする中瀬恵里さんは「全盲の読書家」である(一一八頁)。彼女は生まれたときから目が見えない――それゆえ《見るとはどのようなことか》を経験的には知らない。かくして中瀬さんは例えば小説で「店の扉をあけると、カウンターのほかにテーブル席が五つあった」という文に出会うと違和感を抱く。それは《情報が細か過ぎる》という違和感である。中瀬さん曰く、「行きつけのお店でも数えたことないような情報が入ってくる」(一一八頁)。

ところで伊藤は、ここでは単純に情報の量が問題になっているわけではない、と強調する。一方で目の見えるひとの多くは席の数をかぞえることなどで〈店の規模〉を把握するが、他方で目の見えないひとも自分の仕方でそれを捉える。すなわち「お客さんの会話のトーン、BGMや環境音が反響する具合、あるいは頬にあたる空気の流れ」などの目の見えるひとがあまりアクセスしない情報を手掛かりに、目の見えないひとも店の規模を知りうる(一二〇頁)。それゆえ、目の見えるひとの経験は見えないひとのそれよりも情報量が多い、とは言えない。

むしろ——伊藤の指摘であるが——目の見えるひとと見えないひとのあいだでは「経験のパターン」が異なっていると考えるべきだ（一二二頁）。例えば中瀬さんが外食するさい、店にあるテーブル席の数は観察されないが、椅子の材質や座り心地は経験される。そして彼女はこうした触覚的経験が「見える人の書く本からは落ちている」と感じる（一二一頁）。このように個人の経験のパターンはそのひとがどのような身体をもつかに依存する。目の見えるひとの経験も、たまたまそのタイプの身体をもっていることの結果にすぎない。

以上の話は身体のローカル・ルールというテーマに直結する。私たちは例えばレストランに入ったとき《一番居心地のよい席はどこか》を探す。このとき目の見えるひとは、彼女ら／彼らのローカル・ルールとして、視界に現れる席を総覧するだろう。これに対して目の見えないひとは例えば耳に頼るかもしれない（とりわけ音声的に居心地のよい場所を探すときには）。異なる身体は異なるルールを形成する、ということだ。

加えて経験のパターンの違いは記憶のあり方の差異と連動している。例えば「行きつけのレストランの椅子がどのようなものかを思い浮かべてみてください」と言われたとき、目の見えるひとの多くは視覚中心の想起を行なうだろう。すなわち、黒くて背もたれが四角く……など。とはいえ伊藤が報告するに、しかし中瀬さんは違います。「椅子の背がカクカクしていたかとか、椅子を引いたときの重さとか、思い出しますね」。（一二二頁）

このように、身体のあり方――ここではとりわけ見えるか見えないか――が異なれば、記憶のあり方も異なる。目の見えるひとの多くは誰かを思い出すとき容姿を想起するだろうが、これが唯一の記憶法ではない。身体の固有性は、経験のパターンを各自異なるものにし、それとともに《どの感覚を基軸として観念をストックするか》を変化させる。「記憶」という語はひとつだが、そのあり方は多様なのである。

固有名含みの思想を

伊藤が以上の議論において中瀬さんの固有名を捨象していない、という点には注意が必要である。じつにこの哲学者はこのひとやあのひとを単純に「目の見えないひと」と一括りにはしない。目の見えない中瀬さんは彼女のやり方で自分の身体を活用している。他者の固有のあり方を見ることによって自らの固有のあり方を振り返ってほしい――これが、伊藤が読者に望むことのひとつだろう。

ちなみに固有名（ときにイニシャル）を含む伊藤の叙述は、私にとって紹介や引用を躊躇（ためら）わせるものでもある。例えば《中瀬さんと信頼関係を構築していない私が彼女に関して分かったようなことを述べても許されるのか》と悩んでしまう。とはいえ伊藤の議論は決して固有名を捨象してはその本質を伝えることができない。それゆえ私は――しかるべき責めを負いつつ――この哲学者の〈固有名含みの思想〉の精神を抽出するよう努めたい。

身体と向き合ってローカル・ルールを更新すること

二三歳のときに事故で左足の膝から下を失った大前光市さんも独自の仕方で自分のいわゆる「中途障害」の身体と付き合う。大前さんの固有性はひとつに彼がダンサーであることに由来するが（例えばリオ・パラリンピック閉会式で演技を披露した）、その〈動きへのこだわり〉は彼のローカル・ルールの形成に「生成変化」の様相を与えている。以下、こうした点を確認しよう。

大前さんは左足を失ってはじめのころ、自分の足を「甘やかしていた」と言う。彼の言葉を引けば、

「椅子から立ちあがるときも、足に負担をかけないように、まず肘掛に手をついて、そ

れから上半身で立つ、というような癖がついてしまっていた。上半身主導の使い方だったんです」。（七七頁）

もちろん下半身に障害が生じた後にそこをかばう仕方で身体を動かすようになることは自然である。とはいえそのために大前さんの運動はいわば「上半身偏重」になった。結果として足の器用さは衰え、身体のバランスも悪くなる。伊藤の記述によれば、大前さんは「義足の左足を使わないようにしていたために、右足に体重がかかるようになり、右足を壊す結果になった」（七九頁）。

このように左足膝下を失った直後に形成された〈上半身の主導のもとで動く〉というローカル・ルールは徐々に不都合のほうを増やしていった。それゆえ大前さんは身体使用のルールを〈下半身を活用すること〉へシフトする。言ってみれば、動きうる下半身を「甘やかす」ことなしに、それを動員した全身運動のモードを再形成すること。具体的には大前さんは「かなり硬い義足を使い、うまく体重を逃」し、そうすることで「地面からの衝撃を押し返すような体幹の筋肉を発達させ」た（八〇頁）。

いまや大前さんは義足へ積極的に力を入れて立ち上がる。彼のローカル・ルールの二段階の移行を伊藤は以下のように分析する。

当初の移行は、不自由な部分をかばい、痛みや困難をやりすごすための「対症療法」的なものでした。ところが三〇歳ごろから、大前さんは積極的に左足をきたえ、全身のバランスを組み替える「原因治療」を始めた。それは、ない箇所をないものとして扱おうとする体の反応を超えて、意識的にあるものとして使っていく過程でした。(八〇頁)

ない左足膝下をないものとしてかばおうとする第一段階は、大前さんのもつ〈動きへのこだわり〉を通じて止揚され、義足と共にある左足を「在るもの」として扱う第二段階へ移行した。ここに至って、左膝下の硬い義足は大前さんの全身的運動の一部になっている。

大前さんの左足の意識的な活用は徐々に習慣化し、多かれ少なかれ無意識的に行なわれるものになるだろう——これが《身体が記憶を得ること》のひとつのあり方だ。ここで必ずや押さえるべきは、身体のローカル・ルールの工夫や身体的記憶の形成に「生成」の側面がある、という点である。私たちはそれぞれ自分の代替不可能な身体と付き合って生きているが、何とかやっていくための技術は決して固定されたものではない。むしろそれは各人のこだわりの導きのもとで刷新されうる。

ローカル・ルールが新たに生み出されること――こうした「生成」なるものの重要性は『手の倫理』のクライマックスでも指摘されることになる。そして「生成的（generative）」であることが伊藤の考える「倫理」の最も重要な側面なのである。

『手の倫理』の議論の流れ

以上のように、『記憶する体』は個別的な人格の身体のルールを記述し中瀬さんや大前さんらの固有の生き方を描き出す書物だが、続く『手の倫理』も同じく個別性を志向する。二作品の違いは、前者が個人的生の叙述に焦点を合わせるのに対し、後者は個々人のあいだの関係性を問題とする点にある。具体的には『手の倫理』は、身体に「ふれること」や「さわること」をテーマとし、「生成的なコミュニケーション」と呼ばれうる関わり合いの概念を彫琢することを目指す。キーワードはやはり「生成」である。

本章の残りの箇所では『手の倫理』を読んでいく。議論の流れをあらかじめ述べておくことは理解の助けになるだろう。

伊藤の「倫理」という語は〈決まりきった「正しさ」のない領域において「よい生」を模索すること〉を意味する。そして――意外かもしれないが――触覚はこの意味の「倫理」に関わる。かくして、触覚的な関わり合いの中ではあらかじめ確定した「正しさ」の基準がないため、結果として鋭く《いかにしてよく生きるか》の問いが生じる。この問いへ伊藤は、たったいま言及した「生成的なコミュニケーション」の概念でもって応じる。

この一連の議論の中で最も想定外なのは、触覚は「倫理」と結びつく、というテーゼであるはずだ。とはいえこの命題は――いったん指摘されれば――直感的によく分かる。ふたりがふれ合うとき、すなわち身体的な距離がゼロになるとき、各々はしばしば《よい仕方で相手にふれたい》と望む。とはいえ、よい仕方で相手にふれるための普遍的なマニュアルが存在するかといえば、そんなものはない。したがって私たちは、万事対応する手引きなしに、互いにふれ合うことになる。触覚的な関係は、ときに相互の愛を表現するが、ときに一方的な暴力の媒体になる。

では先ほど素描した流れの各々のステップを具体的に見ていこう。目標は――ここまで何度か触れたように――「生成的なコミュニケーション」を核とする伊藤の「倫理」の枠組みを理解することだ。

マニュアルのない状況を生きる「倫理」

はじめに「倫理」をどう理解するかについて。伊藤は次章で論じる古田徹也などの議論を参照しつつ「倫理」と「道徳(morality)」を対比する(三八頁)。道徳は〈画一的な正しさが問題になる次元〉であり、倫理は〈普遍的な正しさの基準がない中で「よい生」を模索する次元〉である。

こうした〈道徳と倫理の区別〉を例示するものとして哲学界でしばしば取り上げられるのが「ゴーギャン」の事例である（この議論はイギリスの哲学者バーナード・ウィリアムズに帰せられる）。画家として大成することを望んだゴーギャンは、あるとき妻子を捨ててタヒチへ移住することを決意した。結果として、いろいろな運が重なったおかげで、ゴーギャンは絵画史に名を残す偉人となる。私もまた大地をピンク色で塗る彼の絵が好きだ。現時点から振り返ると、ゴーギャンの決断は「正しかった」と言える。

それにもかかわらず彼の妻子を捨てるという行動は道徳的に非難されるべきだ。私たちは、一般的な道徳的規範として、《守るべき家族を捨ててはならない》と考えている。こうした道徳の観点からすれば、ゴーギャンは不正を行なったと言える。道徳の観点に身を置く限り、ゴーギャンの無責任な行動はまったく正当化されない。

このように「道徳」はみんなに当てはまるルールが問題になる次元である。他方で、ゴーギャンの事例を見て気づかれることだが、道徳はすべてではない。すなわち人生においては、《一般的な道徳的ルールを守るか否か》だけでなく、《他ならぬ自分自身をどう生きるか》も問われる。そしてゴーギャンは、道徳的な責めを甘んじて受けつつ、芸術家としての人生を選んだ。この選択はたしかに道徳的には悪いものだろうが、これを理解可能にする観点も存在する——この観点が「倫理」と呼ばれるものである。

伊藤自身は、道徳を「小学校の道徳の授業で習うような、「○○しなさい」という絶対的で普遍的な規則」の領域と特徴づけたうえで、次のように言う。

これに対し倫理は、現実の具体的な状況で人がどう振る舞うかに関わります。相手が何者か分からず、自分の身を守る必要もあり、時間やお金の余裕が無限にあるわけではない今・ここの状況で、どう振る舞うことがよいのか。あるいは少しでもマシなのか。倫理が関わるのはこういった領域です。（三七頁）

ひとは具体的な状況の中で行動を選択する。この場合、単純に普遍的なルールを個別的なケースへ当てはめるだけでなく、自分の置かれた状況の「有限な」資源のもとで「有限な」決断を行なわざるをえない。より分かりやすく言えば、全体を見通せない限られた視界の中で、迷いつつ自分の考える「ベスト」なものを選ぶしかない。人間のこうした現実的状況が伊藤にとっての「倫理」の領域である。

伊藤は道徳でなく倫理に関心がある——この点は、すでにこの哲学者の〈個別性志向〉を知る私たちにとって理解が容易である。伊藤の哲学は、個別的な顔をもった個人が自分固有の生き方を作り上げるという、人生の具体相を尊重する。それゆえこの哲学者の語りたいものは道徳でなく倫理である。普遍的なマニュアルのない状況へ目を向けたいのだ。

触覚の倫理性

さて——先に触れた意外なテーゼだが——伊藤によると、触覚はいま説明した意味で「倫理的な」感覚である。もちろん他の感覚（視覚や聴覚など）にも倫理性はあるだろうが、触覚はすぐれて倫理に関わる。この点は例えば小学校などで行なわれるフォークダンスのことを考えればよく分かる。

少なからぬひとがフォークダンスでドキドキした経験をもつはずだ。相手の手にどうふれていいか分からない。伊藤も次のように言う。

［…］ふだん机を並べて一緒にすごしているクラスメイトと手を取り合うことの違和感は、ものすごく大きいものがありました。もちろん、そこには意中の人の手にふれられるという期待も混ざっていたわけですが、いずれにせよ、ただ手をふれるというそれだ

けのことが、小学生の日常にとっては大きな違和感の種だったのです。（二六頁）

とくにいわゆる「健常者」の生活の多くの場面では、ひととひとのあいだに物理的な距離がある。そうした隔たりの中で、相互に振る舞いを見合い／見せ合い、また相互に言葉を聞き合い／聞かせ合い、意志や思想を伝達し合う。この意味で、多くのひとの日常は、ゼロより大の距離の隔たりが伴う関わり合いだと言える。そしてこれは、〈ふれ合う〉というゼロ距離の関係が、馴染みのないもの、慣れ親しんでいないものだ、ということを意味する。だから私たちの多くは、接触的コミュニケーションにおいて、《どうすべきか》を迷わざるをえない。

触覚のコミュニケーションで倫理が問題になることの理由は、それが多くの「健常者」にとって多かれ少なかれ非日常的だという事実に尽きない。伊藤によると、触覚は暴力へ傾きうる側面ももつ。魅力的な身体にさわる――とはいえ、当然のことだが、「「思わずさわりたくなってしまった」という欲望は、見ず知らずの人の体にさわっていい理由には」ならない（一九九頁）。触覚には或る意味で「不埒な」ところがある。この点においても私たちは触覚を介するコミュニケーションの仕方をめぐって悩まざるをえない。

〈ふれること〉や〈さわること〉は他者への「侵襲」を含む。これもまた触覚の倫理性

の証左だと言えるが、これについて伊藤曰く、

［…］さわる／ふれることは、避けようもなく「他人のことに口を出す」行為なのです。他者を尊重しつつ距離をとり、相対主義の態度を決め込むことは不可能。この意味でさわる／ふれることは、本質的に倫理的な行為だと言うことができます。（四七頁）

先に「倫理」が全体の見通せない状況の中で迷いつつ自分の考える「ベスト」を選ぶという事態にかかわると言われたが、ここでは〈ふれること〉や〈さわること〉がこの意味の倫理を含むと指摘されている。好きなひとの手にふれたいときにも、私たちは《こんなふうにさわられたらイヤかな》と悩まざるをえない。要するに身体接触は一筋縄ではいかない。《このように接触すれば問題ありません》という教科書のない中で、私たちはためらいながら互いにふれ合う。こうした「倫理的」コミュニケーションについて伊藤の提示する積極的な立場はどのようなものか。

生成的コミュニケーションの重要性

伊藤の議論の核心は、ふれ合うことは〈自分を少なくとも部分的に相手へ委ねるこ

と〉だ、という発想にある。接触のコミュニケーションにおいて「私」は決してやり取りの支配者たりえない。むしろふれ合うふたりは、まさに〈ふれ合う〉というそのことにおいて、それぞれ自分のコントロールの威力をいくらか放棄する。

この点を踏み込んで考察するため伊藤は「ブラインドマラソン」を取り上げる。これは、目の見えないランナーと見えるランナーとがペアになって、ロープを小さな輪っかにしたものをともに握り、腕の振りのリズムを合わせながら一緒に走るという営みだ。ここで、目の見えるランナーが〈主〉であり見えないランナーが〈従〉である、という状況が生じるかといえば、必ずしもそうではない。ふれ合うことはそれほど単純ではないのだ。

例えば全盲の女性ランナーであるジャスミンさん――伊藤が取材した「バンバンクラブ」のメンバーはそれぞれニックネームをもつ――は伴走の経験を次のように記述する。

「ロープを持って二人で走っていると、『共鳴』するような感覚があるのですが、お互いの調子があがってくると、はずむようなリズム感が伝わってきて、楽しい、こころが躍る感じがします」。（一五六頁）

このように伴走は、それを体験するひとにとっては、決して《目の見えるランナーが目の見えないランナーの水先案内人になる》ということに尽きない。ふれ合うために身体のあいだで「リズム感」が伝達され、走るふたりはその「共鳴」を楽しむ。相手の調子のよさが自分に伝染する、ということもあるだろう。

じっさい、目の見える伴走者のリンリンさんは自分のやっていることについて『一緒に走っている』という感覚ですね」と述べるが、伊藤はこれを次のように解説する。

「伴走」というと、見える人が見えない人をサポートする、福祉的な行為だと思われがちです。いかにも「介助」といった感じ。ところが実際の身体感覚としては、そこに「伴走してあげる側」と「伴走してもらう側」というような非対称性はない。つまり、伝達ではない、生成的な関係が生まれているのです。(一六一頁)

もちろん——伊藤自身も認めるが——安全確保の大半は目の見える側の仕事であるなどの「設計上の」非対称性はあるが、それでも伴走の体験においては「する/される」の主客関係は後景に退く。曰く「役割が曖昧になり、どちらが能動でどちらが受動かということの線引きができなくなる」(一六一頁)。かくして、一方が〈主〉で他方が〈従〉という「伝達的」コミュニケーションとは区別された、「生成的」コミュニケーションが生じる。

とはいえ生成的コミュニケーションとは何か。「コミュニケーション」と聞くと私たちは、特定の人物が何かの意味を定め、そのひとがそれを他のひとに伝える、という「伝達的な」ものを思い浮かべがちだ。だが違うタイプのものもある。すなわち、ひとびとが互いのやり取りの中で物事の意味を作り出していく（それゆえ特定のひとが主であるわけではない）、というタイプのコミュニケーションも存在する。伊藤が「生成的コミュニケーション」と呼ぶものはこれである。

伴走のふれ合いにおいてはいろいろな仕方で生成的コミュニケーションが行なわれる。ふたりをつなぐロープの動きが何を意味するかは必ずしもあらかじめ定まっていない。それゆえふたりは互いへの反応を確認しつつその意味を作り出していく。伊藤曰く、

「ここは行きたいな」「よし」、「ちょっとスローダウン」「がんばれ」。言葉に出さなくとも、ロープを介したやりとりを通じて、二人のペースが決まっていきます。まさに生成的なコミュニケーションです。（一六三頁）

見逃してはならないのは、ひとりが「ペースをあげたい」と考えてロープを前方へ押し出しても相手へその意味がそのまま伝わるとは限らない、という点だ。それゆえここで

は、互いにパートナーの反応を確かめつつ、自分たちのあいだにある〈意味〉を微調整する必要がある。双方がフィードバック・ループの中にいる、ということだ。

伴走のコミュニケーションに具わるこうした生成的側面は、その他の接触関係の中にも見出されうるだろう。例えばふたりのひとが抱き合うとき、《自分の腕をどこに置くのが相手にとって快適か》などの問題が生じる。このさいふたりは、敢えて言葉を用いずに、身体をイゴイゴ動かしながら《このポジションが心地よい》というのを確かめ合う。このように触覚のコミュニケーションにおいては「相手の体についての情報を拾い合」いながら（一七四頁）、押したり引いたり、撫でたり抱えたりすることによって自分たちのやっていることの意味が生み出されるのである。

他者が自己へ入り込む余地を除き去らないこと

以上の議論を踏まえれば、「どのように相手にふれたらよいのか」という迷いをめぐる伊藤の積極的な立場が確認できる。じつに、ふれることは相手へ入り込むことであるので、自分の行動の意味は不可避的に《相手の身体がどう反応するか》によっても変化する。例えばそれが不正な凌辱になるか愛の交流になるかは自分の側だけでは決められない。むしろ相手に「よりよい」仕方でふれるためには――先にも触れたように――自分の

郵便はがき

料金受取人払郵便

小石川局承認

1050

差出有効期間
2022年7月9
日まで

112-8731

東京都文京区音羽二丁目
十二番二十一号

講談社　学芸部

現代新書　行

愛読者カード

あなたと現代新書を結ぶ通信欄として活用していきたいと存じます。ご記入のうえご投函くださいますようお願いいたします。

(フリガナ)
ご住所　〒□□□-□□□□

(フリガナ)
お名前

生年(年齢)
(　　歳)

電話番号

性別　1男性　2女性

メールアドレス

ご職業

★**現代新書**の解説目録を用意しております。ご希望の方に進呈いたします(送料無料)。

1希望する　　2希望しない

TY 000043-2006

この本の タイトル	

本書をどこでお知りになりましたか。

1 新聞広告で　2 雑誌広告で　3 書評で　4 実物を見て　5 人にすすめられて
6 新書目録で　7 車内広告で　8 ネット検索で　9 その他（　　　　　　　　　　）
＊お買い上げ書店名（　　　　　　　　　　　　　　　　　　　　　　　　　　）

本書、または現代新書についてのご意見、ご感想をお聞かせください。

最近お読みになっておもしろかった本（特に新書）をお教えください。

どんな分野の本をお読みになりたいか、お聞かせください。

「主導権」を多かれ少なかれ放棄せねばならない。

このように伊藤は触覚のコミュニケーションにおける〈自己抑制〉の重要性を強調する。じっさい――たったいま述べたことだが――例えば一方が親愛の情から他方をさわるとしても《この接触が何であるか》は一方の意志や意図だけでは決まらず、それはむしろ相互的反応の運動から生成する。それゆえ接触のコミュニケーションに参与する者は、自分たちの共同的行為の意味を、ひとりで決めてしまおうとしてはいけない。むしろ、パートナー（たち）を配慮しつつ、生成の波にうまく乗る必要がある。

似たようなことが自分の身体と付き合うさいにも成り立つ。本章の「身体と向き合ってローカル・ルールを更新すること」節で言及した大前さんは、自分の身体との「対話」の中で、運動のローカル・ルールをシフトさせていった。身体は（すでに述べたように）自分にとって「他者」であり、ひとはときにその身体とコミュニケーションをする必要がある。そうしたやり取りの中で、事故の直後は〈かばうべきもの〉であった大前さんの左足はいつしか〈立ち上がるさいに活躍する部位〉へ変わる。身体のほうから発せられる声を聴いて、身体との付き合い方を変化させたわけだ。

本章の初めのほうで予告した伊藤の「他者性の倫理」とは何かと問われれば、私は《それは他者が自己へ入り込む余地を除き去らないことだ》と答えたい。ここで言う「他者」はときに自分の身体でありときに他の人格であるが、いずれにせよ自分の一方的な意志が抑制されるべきコミュニケーションがある。それはここまで説明してきたような「生成モードの」やり取りだが、これについて伊藤は次のように述べる。

［…］生成モードでは、あらかじめ用意された意図のとおりにはコミュニケーションは進まない、ということが前提になっています。むしろ、発信者と受信者の役割分担が曖昧になり、双方向的なやりとりがなされるなかで、メッセージが決まっていくのです。（一七四頁）

逆から言えば、やっていることの意味が特定の誰かの意図に帰着されない、という活動が存在するということである。じっさい、互いに交じり合うやり取りの場合（例えばふたりでふれ合うときや自分の身体と「対話」するとき）、生成モードは避けられない。そしてその場合、特定のひとの意志に依存しない仕方で、事物の意味が定まっていく。

人間の生のこうした側面へ焦点を合わせる点で伊藤は——これも予告した点だが——國分・青山・千葉のそれぞれとオーバーラップする思想を提示していると解釈できる。じっさい、生成的コミュニケーションは「中動態的」だと見なされうるかもしれない。また

「思い通りにならない」他者へ向けられる伊藤の眼差しは、《他者は私を困らせる》と考える青山の感性と軌を一にしているかもしれない。あるいは、たまたま成立した身体のローカル・ルールを活用することは非意味的切断の善用の一事例だと言えるかもしれない。私はここで個別の釈義を読者に押しつけるつもりはないが、《伊藤と他の三人のそれぞれとの関係はさらに深掘りする意義がある》と主張したい。

最後に感想のようなことを書けば、個別の身体の記述に溢れる伊藤の文章と比べると、私自身の書くものはどうも「観念論的な」骸骨のように感じられる。それゆえ、この哲学者の書きぶりについつい羨望の念を抱いてしまい、いつか真似してやるなどと考えたりする。とはいえ、どう見ても、簡単に身につくスタイルではないな——。

第五章　しっくりいく表現を求めて迷うこと

――古田徹也『言葉の魂の哲学』

運に左右される存在としての人間

古田徹也はしばしば「運」を論じるが、その理由のひとつは《私たちは運というものに翻弄されながら生きている》というのがこの哲学者の人間観の一部だからだ。ここでの「運」は個々人の意志や意図で統制できない事柄を指す。運には「幸運」や「不運」などの種類の違いが認められることもあるが、それらの共通点は〈個人のコントロールを超えている〉という側面である。

ところで一部の道徳説は《ひとは何に責任を負うか》を単純明快に理論化する。それによれば、ひとは自分がコントロールしうるものに対してのみ責任を負う。この考えは分かりやすい。この理論に従うと、運によって生じた出来事へひとが責任を負うことはない。とはいえ古田は、彼の第一作目である『それは私がしたことなのか——行為の哲学入門』(新曜社、二〇一三年)以来、一貫してこうした道徳説の不十分さを指摘してきた。

じっさい——これもバーナード・ウィリアムズに帰される事例だが——例えばつねに安全運転を心がけていたトラック運転手が、路地から急に自転車で飛び出してきた子どもを轢いてしまったとする。この運転手の友人たちは「どうしようもなかった」と慰める。じっさいその場所での飛び出しを予期するのは無理であった。とはいえ、こんな場合、運転手自身はどう感じるだろうか。こうした問いを考えるとき、私たちは運・行為・責任などの関係が思っていたよりも複雑であることに気づく。

トラック運転手の立場に自分を置いてみれば気づかれるように、このひとは何かしらの苦々しい想いを抱くだろう。それは或る意味で「自責の念」と呼ばれうるものであり、たとえ子どもの死を不運な事故の結果と見なしたとしても、運転手は「したがって自分には関係のないことだ」と割りきることができない。あの道を選ぶべきでなかったとか、あの日の朝に戻りたいとか、いまさらどうしようもないことを考えて苦しむだろう。

こうしたトラック運転手の苦しみのリアリティを、《ひとはコントロールできるものにだけ責任を負う》とする単純な道徳説は無視している――これが古田の指摘である。運と自責はそれほど「割りきれる」関係になく、不運な事故はときに重荷となってひとを苦しめる。古田が言いたいのは、私たちはじっさいに運と責任をめぐって割りきれない想いを抱きながら現実を生きている、ということだ。かくしてこれらの概念にかんして「割りきった」理論を構築しようとする道徳説は、現実から遊離しているという点で不十分と見なされうる。

以上の（一部の）道徳説に対する古田の批判を踏まえれば、この哲学者の人間観も確認できる。《或るひとが何をしてきたか》という人生の実質は、そのひとが意志で選び取ってきたことだけでなく、運によっても左右される。『それは私がしたことなのか』の終盤で古田は次のように言う。

我々の個々の人生の実質は、「意志の産物とそうでないものとの網の目」というかたちで形成される行為者としての履歴に、多くを負っている。（二三〇頁）

人間は運に由来する事柄も〈自分のもの〉として引き受けながら生きる。それゆえ、或る場合には、不運な事故が〈自分のやったこと〉の一部に組み込まれる（先のトラック運転手のように）。人生はかくも「割りきれない」ものだが、これが現実である以上、それを無思慮に単純化してはならない。古田によれば、《ひとは運に翻弄される存在なのだ》という認識は、私たちの倫理的思考を〈地に足のついたもの〉にする重要な基礎なのである。

言語をめぐる思想へ

以上で見たように古田は〈個人のコントロールを超えるもの〉としての「運」へ探求の焦点を置いている――それゆえこの哲学者の思索は「不自由論」の流れに属すと言える。二〇一九年に公刊された『不道徳的倫理学講義――人生にとって運とは何か』（ちくま

言葉がしっくりいく感じを失うこと

第一に「言葉の深い理解」と呼ばれうる現象について。

これを説明するさいに古田は複数の文学作品を取り上げるのだが、とりわけ注目すべきは世紀末ウィーンの代表的作家ホーフマンスタールの「チャンドス卿の手紙」という作品である。本作は伯爵家の次男のチャンドスが〈言葉の深みの体験を喪失する〉という自らの精神的危機を一人称的に記述するものだ。だがそれは具体的にどのような危機か。

若くして戯曲作家として成功していたチャンドスは、かつて生の喜びを謳歌していたが、二〇代半ばになって世界との調和を失う。それまでふつうに使えていた言葉が「馴染みのない」ものと感じられるようになった。チャンドスの状態を古田は次のように記述する。

よく見慣れた一文のはずなのに、その単語の並びをいまはじめて見たかのように、ひとつのまとまりとして捉えることができない。また、「正直」、「得」、「善人」、「悪人」、「精神」、「魂」、「肉体」等々の言葉を人が話しているのを聞いても、自分が口に出そうとしても、個々の言葉がそれぞれもっていたはずの固有の色合いが曖昧になり、あたかもそれらの輪郭が失われてしまったかのような感覚に襲われる。(四六頁)

チャンドスにとって「正直」や「精神」などの言葉は、これまでどおり使用しようとしても違和感を引き起こすものになっており、しっくりくる感じがない。この意味でこれらの言葉は彼にとって「意味」を失っている。それによってチャンドスは苦しむ。そしてこの苦しみを誰かに分かってもらいたくて手紙を書く。

チャンドスの状態は極端なものであるが、多くのひとは似たようなことを体験したことがあるはずだ。例えば哲学の講義中に誰かが同じ単語を、例えば「精神」という語を、多用するとしよう。「ヘーゲルにとって歴史は精神的なものであり、精神の変化が歴史の変化であって、精神的なものの精神的な運動が精神的歴史の諸段階を生み出し……」。一般に、何かの説明において同じ単語が繰り返されれば、言葉はニュアンスを失い、何が何だか分からなくなる。チャンドスはこうした〈言葉が頭に入ってこない〉という状態に慢性的に陥っている。

はたしてチャンドスの「症状」の根本的な原因は何か——これについてはいろいろな解釈がありうるだろう。古田は、この「症状」の要因についての主人公の自己記述として、次のパッセージを重視する。チャンドス曰く、私の症状は端的に言えばこうです。何かを別のものと関連させて考えたり語ったりする能力を完全に失ってしまったのです。(四三頁)

この戯曲作家の自己理解によれば、彼は「何かを別のものと関連させて考えたり語ったりする能力」を失ったために〈言葉が頭に入ってこない〉という状態に陥っている。ここで言われる「関連させる」ということと言葉の理解との関係は——すぐ後で見るように——古田の言語論が重要視するものだ。

言葉の深い／浅い理解

「チャンドス卿の手紙」という作品は「言葉の深い理解」と「言葉の浅い理解」の対比を考えるうえで役に立つ。

押さえるべきは、危機の最中にあるチャンドスも「正直」や「精神」などの語をいちおう使用できる、という点である。例えば「精神」を連呼されて訳が分からなくなってしまった学生もこの言葉がヘーゲル用語であることなどは忘れない——同様にチャンドスも「正直」やその他の言葉がどんなときに使われる言葉であるかなどは分かる。とはいえこの戯曲作家は〈これらの言葉を聞いたときにしっくりくる〉という感覚を失っている。この意味で「深い」理解が失効していると言える。

　別のケースで考えよう。私はみんなで集まって「頑張ろう！」と叫ぶのが嫌いである。正直言って、こういう場合の「頑張ろう！」が何を意味しているかよく分からない。とはいえまわりに同調し他のひとと声を合わせて「頑張ろう！」と言うことはできる。だから私はこの言葉を「浅い」仕方で理解していると言える。とはいえぜんぜんしっくりくる言葉ではない。それゆえ私は「頑張ろう！」を「深い」仕方で理解していない──さらに言えばこの言葉に関して深い仕方で理解したいとは思わない。いや、正確に言えば、そもそもこういうときの「頑張ろう！」はとくに「深い」意味をもたないと思われるのだ。

　みんなが「頑張ろう！」「頑張ろう！」と言い合って互いに理解し合っているようだが、自分はこの言葉によそよそしさしか感じない──これがチャンドスの状態のミニチュア版である。私にとってみんなが口々に言う「頑張ろう！」は空回る歯車のように感じられる。これと同様に、チャンドスがかつて馴染んでいたところの「正直」や「精神」などの語は、いまや彼にとってたんなる音声や字面だけのように感じられる。結果として「魂」や「肉体」などの語を使うとなると彼は不快感すら抱く。

　チャンドスの状態に鑑みると、私たちがしばしば行なう〈言葉の理解〉は「深い」もの

家は自分の状態を「何かを別のものと関連させて考えたり語ったりする能力を完全に失ってしまった」と表現したが、以上の議論はこの記述と符合する。言葉のあいだの繋がりが切り離されて「精神」が「精神」の意味しかもたなくなれば、この語はニュアンスを失う。あるいは一般に「頑張ろう！」は連帯を強めるためだけに言われており、深い意味をひそめた多面性に欠ける――それゆえ却って空虚さを感じさせる掛け声に堕している。

舌端現象において何が生じているのか

以上が《言葉がしっくりいく》という事態の古田の説明の第一歩目だが、これが全部ではない。同じ事態は別の角度からさらに考察することができ、それによって「言葉がしっくりいくことの偶然性」と呼ばれうる事柄が明らかになる。そしてこれを論じるさい古田はウィトゲンシュタインが関心をもった「舌端現象」を取り上げる。

何かを言おうとするとき、或る表現でそれを述べようとするがしっくりこず、「あれでもない、これでもない」と右往左往することがある――これは或る種の「舌端現象」である。というのもこれは「しっくりいく表現が舌先まで出てきている」と言い表されうる現象だからだ。私はこの本を書いている途中で何度も舌端現象に遭遇した。例えば伊藤の倫理をどう表現すべきか。「他者の声を聴くこと」がよいか。いや、どうもしっくりいかない。いろいろ迷った結果、「他者が自己へ入り込む余地を除き去らないこと」がしっくりきた。

舌端現象において何が生じているのか。単純明快な分析はこれを《或る言葉だけが埋めることのできる「隙間」のようなものがあって、他の言葉ではこの隙間の形に合致しないのでしっくりこない》と捉える——ウィトゲンシュタインはこのタイプの分析を例えばアメリカの哲学者ウィリアム・ジェームズに帰す。ウィーンの哲学者曰く、

「そう、私にはその言葉が分かっているんだ。喉まで出かかっているんだ——」。ここで、ジェームズが語っているような「この言葉だけが埋めることのできる隙間」といった観念がどうしても湧き出てくる。（一一五頁）

とはいえウィトゲンシュタインはここで言われる「この言葉だけが埋めることのできる隙間」など存在しないと考えており、古田もこの考えに与（くみ）する。では——あらためて問うと——問題の現象において何が生じているのか。

ウィトゲンシュタインは、彼らしいやり方だが、〈或る言葉だけが埋めることのできる間隙〉という実在的な何かを持ち出さずに舌端現象を分析する。古田はこの哲学者の次の

一節を核心的なものとする。

> 「適切な」言葉を、私はどうやって見つけるのか。私はどうやって、様々な言葉のなかからそれを選び取るのだろうか。確かに私は、微妙なテイストの違いに基づいて言葉同士を比較しているかに見える。これはあまりにも……過ぎる、これこそ適切なものだ、という風に。
>
> しかし、これらの言葉がなぜしっくりこないのか、常に判断したり説明したりする必要はない。それは単にまだしっくりこないという以外の何ものでもない。私はさらに探すが満足しない。最後に私は安らぎを覚えて満足する。探すとはまさにこのようなことであり、見出すとはまさにこのようなことなのである。（一一九頁、ただし傍点強調は原著者による）

古田の読みではこの一節は、しっくりいく言葉を見つけることはあらかじめ存在していた隙間を埋めるような作業ではない、それはむしろ〈複数の言葉のあいだをウロウロして一定の展望を開いたうえで何かしらの言葉に辿り着く〉という過程だ、と述べている。古田曰く、「はじめに念頭に浮かんできた言葉から、類似しつつも異なる別の言葉へ連想を広げ、またその言葉からもさらに連想を広げていくという、そうした一連の実践そのものが、ウィトゲンシュタインによれば、まさしく〈しっくりくる言葉を選び取る〉という実践にほかならない」（一一九頁、ただし傍点強調は原著者による）。ここに存在するのは右往左往する過程だけであり、あらかじめの「隙間」があるわけではない。

この分析は示唆に富むが、《どんな示唆か》は以下のように説明できる。

ウィトゲンシュタインによる舌端現象の分析に従うと、或る言葉が「しっくりいかない」と感じられることは、いまだ言葉の繋がりを見渡す展望を開いたうえで問題の語を用いることができていないという事態の徴候である。例えば――同じ例で恐縮だが――ほとんどつねに「頑張ろう！」は考えなしに使用される。だが、仮に言葉を尽くして何かが語られたうえでの「頑張ろう！」であれば、しっくりくることもあるかもしれない（いまのところ私は経験がないが）。いずれにせよ「文脈」が問題なのであり、十分に言葉たちの繋がりを見渡す展望が開かれた文脈では何かしらの言葉がしっくりきてくれる。

こうなると、例えば前章での私による伊藤亜紗の倫理の記述、「他者が自己へ入り込む余地を除き去らないこと」はこれである必要はなかった、ということが分かる。むしろ先んじて伊藤の議論をめぐって或る仕方で右往左往したからこそ、たまたま私にとって（そして望むらくは読者にとっても）この表現がしっくりくるようになったわけである。このよう

第六章　エゴイズムの乗り越えと愛する意志
――苫野一徳『愛』

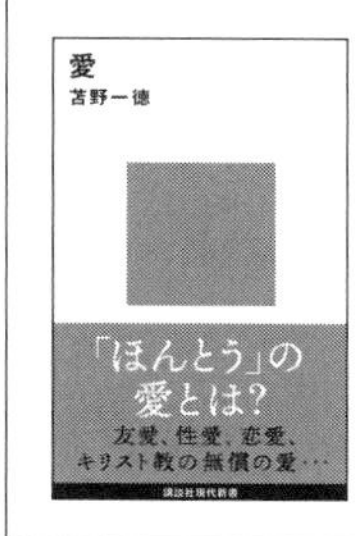

不自由論は人間を自由にする

苫野一徳は教育学を専門としており複数の教育学書を公刊しているが、思うに、これは彼の真実相の一部に過ぎない。あるいはこの哲学者は『はじめての哲学的思考』（ちくまプリマー新書、二〇一七年）という入門的な本も書いているが、思うに、これもまた一部だ。私の理解では、苫野の神髄はその宗教的直感にあり、その導きのもとで書かれた著作『愛』（講談社現代新書、二〇一九年）が彼のいまのところのマスターピースである。本章はこの作品を詳しく読み解いていく。

『愛』は本書の議論の締めくくりにもってこいの著作でもある――なぜなら同書は「意志」に言及するからだ。本書はこれまでさまざまな角度からの「意志」概念の批判を取り上げてきた。國分・青山・千葉・伊藤・古田はみな〈意志的コントロールをはみ出すもの〉に関心をもっている。これに対して苫野は「意志」により積極的な役割を認める。『愛』の究極的テーゼのひとつは次。すなわち、愛は意志である、と。

とはいえ苫野の立場は他の五人と対立するわけではない。そして苫野の思想もまた不自由論の系譜に属しうる。なぜならこの哲学者は、人間の不自由を見極めたうえで、それでも可能な〈自由なる意志〉へ目を向けるからである。苫野による「意志」の肯定は、人間の或る種の不自由の自覚に媒介されている。決して意志的コントロールを手放しで肯定するわけではない。

苫野の議論を追うことは《不自由論とは何か》の理解を深めることにもつながるだろう。不自由論は人間的自由の否定に終始しない。むしろ、不自由論が〈人間の不自由〉を強調するのは、《自己の不自由を直視することが真の意味で自由になることへの道だ》という信念のゆえである。それゆえ不自由論は一種の自由論だと言える。ただしそれは不自由に媒介された自由論なのである。

いま述べたことは國分・青山・千葉・伊藤・古田の各々にあてはまる。例えば私は五人のそれぞれの不自由論を追うことによって〈自分を縛るもの〉を自覚し、この認識を通じて深い次元で「より自由」になることができた。不自由論は――まさしく逆説的に――人間を自由にする。「私たちは不自由だ、私たちは無力だ」と露悪的に嘆くことは不自由論の意図ではない。

「弁証法的な」議論

先に述べたように本章は『愛』の内容を詳しく追うのだが、それに先立って苫野が二〇一四年に公刊した『「自由」はいかに可能か――社会構想のための哲学』(NHKブックス)

に手短に触れたい。そこで展開される議論が、苫野の思索のいわば「弁証法的」特徴を例示するからである。

『「自由」はいかに可能か』の序盤は「自由とは何か」を問う。そして、私たちはさまざまなイメージに欺かれてしばしば不適格な「自由」概念を形成する、と指摘される。例えば、したいことをできることが「自由」だ、という捉え方がある。これは「恣意としての自由」と呼ばれうるが、苫野によればこれは自由の「表面的な〝イメージ〟」にすぎない（七〇頁）。なぜなら、人間の現実を直視すれば、《私たちはつねにたくさんの「したいこと」を断念している》という事実に気づかれるからである。

具体的に考えてみよう。美味しいものを食べたい、というのは分かりやすい望みだ。こうした願望のもとでは〈美味しいものを食べることができる〉というのが「自由」であると言えるかもしれない。とはいえこの自由の実現のためには多くの「したいこと」を放棄せねばならない。例えばのんびりしたいという欲求を抑圧し、あくせく働いて金を稼がねばならない。こうした点に鑑みれば次のように言える。「したいことをできる」というイメージはいささか単純であり、それによって「自由」の概念を作ることはできない、と。

かくして「自由とは〈したいことをできること〉である」と考えるひとは自由の表面的なイメージに欺かれている。同様に――苫野は論じるが――「因果からの自由」や「解放としての自由」も表面的なイメージの域を出ない。ではあらためて自由とは何か。

ここから苫野は「弁証法的に」進む。表面的なイメージによって「自由」の概念を形成することはできない。となると自由を的確に把握するためには、そのイメージをなぞるだけでなく、それを具体的に生きる境地に立たねばならない。先にも触れたように、現実に生きる私たちはさまざまな制約の中にいる。じっさいの人生は束縛の経験のほうが多い。とはいえこの事実を認めながらも、「その上でなお、この諸規定性を乗り越えた時、あるいは乗り越えられるかもしれないと感じた時、わたしたちは「自由」を感じることができる」（八二―八三頁）。制約の最中にありつつ制約を乗り越える実感――これが苫野の「自由」の概念である。

苫野は自由の「感じ」に焦点を合わせているが――古田の議論と同様に――ここでも「感じ」に伴う構造が重要である。この哲学者が指摘するように、〈個別の欲求を実現する〉というシンプルな経験におけるよりも、〈自分を縛るものを自覚したうえで、それを乗り越える〉という複層的経験においてのほうが、自由の確かな実感がある。上記の「自由」の単純なイメージはどれもこうした階層的構造を取り逃している。

苫野の「自由」概念の射程がどの程度かは措くとして、ここでは彼の議論の運び方に注目したい。苫野はその哲学において〈概念を運動させる〉というやり方を採る。たったいま見たように、いったんは〈したいことをできる〉と把握された「自由」が、その単純素朴さを批判されて〈束縛の自覚的乗り越え〉へと把握しなおされる。かかる運動を通じて形成された概念には厚みがある。なぜならこうした概念は、たんに定立されたものではなく、不十分さの克服に媒介されているからだ。こうした「弁証法的」議論は『愛』でも実践される。結果として——いずれ見ることになるが——欲望や友愛を理念的に乗り越えたところの「真の愛」の概念が彫琢される。

『愛』のバックグラウンド

私は『愛』の叙述を牽引する根本発想を《愛はたんなる感情ではなく、それは行為でもある》という考えだと理解しているが、なぜこう理解できるかの根拠は徐々に明らかになるだろう。読者におかれては、ここではまず《愛は情念の一種に尽きるのか》を問われたい。

たしかに愛には感情的側面がある。とはいえ愛には「試練」なるものが伴わないだろうか。それゆえ愛には主体の意志の努力が関わらないであろうか。愛には——後に見るように——「行為的な」アスペクトがあるのである。

具体的な内容を見る前に『愛』の議論の全体的構成を確認しておきたい。

同書は著者の実体験の話から始まる。苫野は若いころ小さな教団の教祖をしていたらしい（この話は彼の自伝『子どもの頃から哲学者――世界一おもしろい、哲学を使った「絶望からの脱出」！』（大和書房、二〇一六年）に詳しくある）。そのさい彼は《愛とは何か》にかんして確かな考えをもっていたのだが、後にそれは「幻影」として否定されることになる。こうした経験を踏まえて苫野は問う。ではじっさいには愛とは何か、と。

この問いへ苫野はまず「友愛」などの考察を通じてアプローチする。そこでは「合一」と「分離」がキーワードとなり、愛の本質の理解が深められていく。最終的にこの哲学者の練り上げる「真の愛」の概念は欲望も友愛も超えた境域のものだ。この高みにおいて苫野は「愛は意志である」という究極的テーゼを提示する。

以上が『愛』の骨格であるが、内容を細かく追っていく前に読者へ伝えておくべきことがもうひとつだけある。それは私がこの本を買ったときの話だ。

『愛』の公刊後しばらくして私は大阪の書籍店でこの本を買うべくレジの前で並んでいた。長い行列であったので――この本屋ではたまに長蛇の列が形成される――手持ち無沙汰であった私は「あとがき」を読み始めた。そして次のパッセージに出会った。

「愛」の根本本質の一つである、「自己犠牲的献身」。

> この言葉に行き当たったのは、二年半前、末の娘と、何日も片時も離れることなく過ごした石垣島の病院でのことだった。あの節に書いた話は、ほぼ実話だ。今も日に何度もフラッシュバックするあの恐ろしい光景、わが子の頭が、水面に静かに浮かんでいるあの光景を、わたしは一生忘れることができないだろう。償いの気持ちと、そしてまぎれもない「愛」と共に。（二二六―二二七頁）

この文章に私は戦慄した。そして、この子はどうなったのか、とも考えた（この文を書いているいまも私は正確には知らない）。引用には「日に何度もフラッシュバックする」と書いている。おそらくそのたびに叫び出しそうになるだろう（じっさいに叫び出すこともあるかもしれない）。購入後、私はしばらくこの本を開くことができなかった。感情をさらに揺さぶられることを恐れたからである。

『愛』の議論がその背景の一部とする著者自身の経験は筆舌に尽くしがたい。思うに、同書のやっていることに賛成するにせよ反対するにせよ、これは決していいかげんな気持ちで読める本ではない。むしろ苫野の文章は読み手にしかるべき真剣さを要求する――それゆえ以下において私は苫野といわば「決闘」する構えでこの本を読解していく。この哲学者が読者へ突きつける「愛」の思想へできる限りの深みにおいて呼応したい。

り返って次のように言う。

――わたしに「人類愛」の霊感を与えたもの、それはじつは、わたし自身の孤独の不安や苦悩だったのではないか？（一六―一七頁）

すなわち「人類愛」は無意識的な欲望の産物に過ぎなかった。それゆえこれは――苫野はかつてこれを愛の真実の形態と考えていたが――愛でも何でもなかった。

だがそうなると次の点が気になる。それではいったい愛とは何か。「人類愛」が虚構の類だとすれば、真実の愛とはどのようなものか。愛の本質は何か。これが『愛』の議論を導く問いである。

見逃してはならないのは、この問いに答えようとする苫野が「人類愛」を全否定してはいない、という点だ。曰く、

わたしにありありと見えていたあの「人類愛」のヴィジョンは、確かにわたしの孤独の苦悩が生み出した幻影だったのだろう。しかしそれでもなお、あの時わたしは、確かに「人類愛」の恍惚を胸一杯に味わっていた。わたしは全人類を愛していると感じていた

し、また全人類から愛されていると感じていた。（一七頁）

先にも述べたように、人類愛の体験は苫野にとってリアリティがあった。それはじっさいに「愛」として経験された。それゆえここには肯定的に受け入れられるべき何かがある。あるいは少なくとも彼はそう考える。かくしてここでもこの哲学者は「弁証法的に」進む。すなわち「人類愛」の問題点を考察しつつ、その積極的部分を昇華させながら、「愛」の理念を抽出することを目指す。苫野の彫琢する「愛」の概念は――これから見ていくように――「人類愛」の概念の乗り越えに媒介されている。

理念的情念としての愛

『愛』を導く問いは「真の愛とは何か」である。苫野は――何度か触れたように――この問いへ弁証法的な仕方でアプローチする道を採る。この選択は決して恣意的ではない。なぜなら「愛とは何か」という問いは例えば「愛着とは何か」や「性欲とは何か」という類似の問いに見られない〈答え難さ〉を具えているからだ。あるいは、愛は弁証法的な動性を具える苫野の思索が腕を振るいうる絶好のテーマだ、とも言える。

少し具体的に考えてみよう。例えば、私は長い間住んでいる自分の家に愛着を抱いているが、ここで生じている感情が「愛着」と呼ばれうることは私にとって疑われない。同様のことが性欲についても言える。性欲に駆られているとき、ひとはたいていの場合《自分は性欲に駆られている》と自覚できる。そしてそのさい、この欲動は本当に「性欲」と呼ばれるべきか、などの問いを提起しない。

愛はそうでない、と苫野は指摘する。曰く、

> 「愛」もまた、確かにこの胸に感じ取られるものではある。しかしただ一言で「愛」と呼ばれる感情は、「だがこれは本当に愛と呼べるものなのだろうか？」と、わたしたちを多かれ少なかれ自問自答させる。（三七頁）

私自身のことを振り返って《これまでの人生のどの瞬間に私はひとを愛したか》と問うてみると、どうも確信をもって答えられないことに気づかされる。あれは本当に愛だったのか、もしかしたらたんなるエゴイズムだったのではないか、などとどうしても疑念が生じる。意外なことに、愛は人生において最も重要な何かであると思われるのだが、自分が「愛」と見なしたものが本当は愛でなかったことがありうるという具合に〈不確かさ〉を具えている。それゆえ、一方で愛着や性欲については「あの体験がそれだ」と確言できる

のだが、他方で愛についてはこれができない。

以上より「愛とは何か」の問いの答え難さの説明の一端が得られる。じつに、「愛とは何か」を一般的に問うさい、私たちは《どの個別的体験が「愛」と呼ばれるべきか》に確信がもてない。それゆえここでは一般的な問いに答えるための足掛かりである個別的体験もまた問題となる。したがって、個別事象というデータから一般的分析へ目掛けて「一直線で」進む、というやり方はここでは採りえないのである。

とはいえ愛はなぜこうした点で愛着や性欲と異なるのか。この問いへ苫野は、愛着や性欲は「情念」のカテゴリーに収まり切るが、愛はそれをはみ出す「理念的な」性格をもつからだ、と答える。この哲学者曰く、

> 一般的な情念が、向こうから〝やって来る〟もの、あるいは内から〝湧き上がって来る〟ものであるのに対して、愛は、一度わたしたちの理性を通して吟味されずにはいられない、いわば理念的情念なのだ。（三八―三九頁、ただし傍点強調は原著者による）

例えば性欲はどこからか「湧き上がり」そして当人に《これは性欲だ》と確かめられる。なぜなら、性欲には〈しかるべきあり方〉などがないので、「これは真の性欲なの

か」などと問う必要がないからだ。これに対して私たちは愛について〈しかるべきあり方〉を考えないわけにはいかない――それゆえ「これは真の愛なのか」が有意味に問われる。苫野曰く、愛はたんなる情念であるにとどまらず「価値理念」でもあるのである（三九頁）。

愛のこうした理念性のために、愛のさなかにいるひとも「これは本当の意味での愛なのか」と問わざるをえない。《どの個別的体験が「愛」と呼ばれるべきか》の確証が得られないのもこのためだ。それゆえ苫野は「愛とは何か」の探求において迂回的な道を選ぶ。それは、いわば「真の愛には足りない」事象の分析を経由し、それよりも高次のものとして「愛」の概念を彫琢する、という弁証法的な道である（これは所与の個別的体験の共通点を抽出するストレートなやり方とは異なる）。こうした探求の末に愛の理念性がふたたび問題になるのだが、これについては後を楽しみにされたい。

〈合一〉と〈分離〉という愛のふたつの本質

かくして苫野は「真の愛には足りない」事象の分析に取り組むのだが、こうした事象として取り上げられるもののひとつが「友愛」である。これは友だちの間に成立する愛であり、親友に対して生じる友情がその典型的な形態だと言える。ちなみに――後で論じられるように――真の愛は或る意味で「超えた」事象なのだが、これは決して友愛が「欠陥的な」ものであることを意味しない。むしろ多くの人生は友愛によって豊かにされている、という点は強調しておきたい（これは苫野自身も認める点である）。

　いずれにせよ《友愛とはどのようなものか》を考察しよう。月並みだが、太宰治の『走れメロス』は友愛の特徴を摑むのに適した素材である。この作品では――周知のとおり――《三日目の日暮れまでに戻ってこないと友人を代わりに殺す》という条件で牧人メロスがシラクス市と自分の村のあいだを走るのだが、そのさい親友のセリヌンティウスはメロスのことを全面的に信頼している。太宰は例えば次のように書く。

> 竹馬の友、セリヌンティウスは、深夜、王城に召された。暴君ディオニスの面前で、佳（よ）き友と佳き友は、二年ぶりで相逢うた。メロスは、友に一切の事情を語った。セリヌンティウスは無言で首肯（うなず）き、メロスをひしと抱きしめた。友と友の間は、それでよかった。（新潮文庫、二〇〇五年第七四刷改版、一六八―一六九頁）

友人同士は多くを語らずとも互いに理解し合う。一方にとって他方は自分自身のようである。あるいは、友人の怒りは自己の怒りであり、自分が喜ぶことを友人はともに喜ぶ。ここには注目すべき「結合」がある。友愛のこの特徴を苫野は「合一感情」と呼ぶ。これは友と二人でひとつであるような心地のことだ。

とはいえ友愛は純粋な合一ではない。そこには無視できない「独立」がある。じっさい、メロスとセリヌンティウスのあいだには、一方が他方をコントロールしようとする支配的包摂は存在せず、むしろ互いの自己決定を大切にし合うという敬意がある。友愛のこの特徴を苫野は「分離的尊重」と呼ぶ。これは相手を〈自分に取り込まれない自律的存在〉と見なす相互的敬意の関係のことだ。

このように友愛は合一と分離という二側面を併せ持つ。それゆえ友愛における合一は分離に媒介されており、友愛における分離は合一に媒介されている。合一しつつ分離しており、分離しつつ合一している——このように〈友愛〉はそれ自体のうちに弁証法的な複層性を内含する概念である。

さて、友愛の以上の特徴を苫野は「合一感情と分離的尊重の弁証法」と呼ぶのだが（七〇頁）、この哲学者はこれをあらゆる形態の愛に見られる特徴だとも考える。曰く、

「合一感情」と「分離的尊重」の弁証法。これは高度に〝理念的〟な本質である。そし

てまさにこの〝理念性〟にこそ、わたしたちは、「友愛」に限らずあらゆる「愛」の根本本質を見出すことができるとは言えないだろうか。(七二頁)

ここでは修辞疑問として「あらゆる愛は合一感情と分離的尊重の弁証法を本質としているのではないか」と問われており、問いへの苫野の答えはもちろん「然り」である。それゆえ真の愛もこうした特徴をもつ。とはいえ——いまから見ていくように——真の愛においてはこの特徴が極限まで先鋭化されるのである。

話がここまで進めば「人類愛」の問題点も指摘できる。若き苫野が体験した「人類愛」の啓示には愛としてのリアリティがあった——その理由はそれが鮮烈な「合一感情」を伴っていたからであろう。とはいえ純粋な合一は「愛」の名に値しない。愛はその対象を自律的なものとして敬う。愛は決して自己への同化ではない。「人類愛」が愛へと昇華していくためには、そこに分離的尊重の相が加わらねばならない。

自己犠牲的献身としての「真の愛」

さて友愛は愛の一種であるが、真の愛ではない。その理由は《友愛において合一感情と分離的尊重という愛の本質がいずれも極限までは尖らされていない》という点にある。真の愛は一種の極限的事象であり、それゆえに稀であり困難である。ではそれはどのようなものか。はたして苫野は「真の愛」をどのように特徴づけるのか。

強調すべきは——本章の「理念的情念としての愛」節の議論と関わるが——《真の愛の特徴づけは具体例の観察からは得られない》という点である。なぜなら個別ケースについてはつねに「あれは真の愛だったのか」が疑われうるからだ。そして、後に重要になる点だが、個別ケースについて「これは真の愛だ」と確言することは真の愛との適切な関わり方ではない。

真の愛の特徴づけはむしろ、愛のふたつの本質的側面のそれぞれをいわば「先鋭化」することによって得られる。すなわち第一に合一感情は、真の愛においては、「存在意味の合一」と呼ばれうるものへ強化される（一六五頁）。すなわち、そこでは愛する相手の存在によって自分の存在の意味が充実する、ということだ。かくして真の愛を生きる者は《その相手がいなかったとしたら自分は本当の自分になれなかっただろう》とすら考える。

そして第二に分離的尊重は、真の愛においては、「絶対分離的尊重」と呼ばれうるものに高まる（一七〇頁）。例えば友愛という関係においては一方が他方を「自分の仲間」という仕方で規定したりするが、真の愛においてこうした〈押しつけ〉は皆無である。すなわち真の愛を生きる者は、根本的には、その相手を完全に自由のままにする。もちろん真の愛においても《親が子のためを思って厳しくする》という類の表面的束縛は見られうるが、それは表層的現象に過ぎない。そして、真の愛の最深部においては、愛する者はその相手を一切の押しつけなしにありのままで受容するのである。

このように苫野によれば、真の愛は〈存在意味の合一〉と〈絶対分離的尊重〉の弁証法的統一なのだが、それゆえにそれは「自己犠牲的献身」の様相を呈する（一七八頁）。なぜなら、自らの存在の意味を形作るような相手の自律を絶対的に尊重するとき、ひとは一切の保身なしにその相手へ自己のすべてを捧げるからだ。

かくして苫野は、弁証法的思索を経て、真の愛を「自己犠牲的献身」で特徴づける。曰く、

〝真の愛〟には必ず「自己犠牲的献身」がある。わたしは、相手の存在において自身の存在意味を見出し、その上でなお、相手をわたしとは完全に切り離された他者として尊重する。このような弁証法の上に、「愛」における「自己犠牲的献身」ははじめて成り立つ。（一七八頁）

真の愛における献身には見返りの期待がない。いや、正確に言えば、相手の存在それ自

体が余りある「見返り」になっている。苫野はこれを「単なる自己満足に回収されることのない献身」とも表現する（一七八頁）。真の愛において、愛する者は一切を捧げるのだが、相手の存在はそれだけで当人の生を満ち足りたものにする。かくして真の愛においてひとは、すべてを捨てながら、すべてを得る。

自己犠牲的献身を生きることは可能か

真の愛を「自己犠牲的献身」で特徴づける苫野の議論は、本書の不自由論の観点からも興味深いと言える。なぜなら、そのように捉えられた「真の愛」においては、自分の意図どおりに相手をコントロールするなどとは真逆の事態が生じているからだ。むしろ真の愛のうちには無視できない自己放棄がある。自分の意志を何よりも優先する者は決して真の愛を生きることができない。

他方で苫野による〈真の愛〉の特徴づけはさらなる問題を引き起こす。この哲学者の考えでは、真の愛は「自己犠牲的献身」という極限的な側面をもっているが、はたして私たちはこうした究極の愛を実践しうるのか。ひょっとしたら、人間の自己愛は払拭しがたく、苫野の言う真の愛は私たちにとって「絵に描いた餅」に過ぎないかもしれない。はたして私たちは真の愛を生きることができるか。

ひとによっては、苫野は「愛」を過度に理想化している、と感じるだろう。例えばふたたび私自身のことを振り返るが、自分がこれまで「自己犠牲的献身」を実践したことがあるかと自問すれば、自信をもって「ある」と答えるのは難しい。誰かを献身的にケアしているときにも私は自分の心の奥底に《いいひとに見られたい》などのエゴを見出してしまう。おそらく誰だってそうだろう。絶対的な自己犠牲という理想をそのとおりに実践できるひとなどいないのではないか。

以上は自然な問いである。そして苫野の探求のクライマックスはこうした問いに答える箇所だ。『愛』は愛を過度に理想化しているのではないかという疑念に対し、著者は「意志」の概念を軸として応じる。そのさい——予告したとおり——愛の理念性が省みられる。

ではその議論を見ていこう。

愛の「能動的」アスペクト

議論の核心的理路は次である。すなわち、愛は（情念であるに尽きず）理念でもあり、それゆえにそれは〈目指されるべきもの〉だ、と。したがって、たしかに「自己犠牲的献身」はほとんど不可能な業に見えるかもしれないが、それは必ずしも苫野の〈真の愛〉の捉え方に欠陥があることを意味しない。むしろ、苫野の捉える真の愛は「自己犠牲的献身」という困難な側面をもつからこそ、それは「愛」という理念的情念の名に値する。

こうした理路は、愛をめぐってここまで論じられてきたことと符合する。じつに「愛」というものは、それが理念あるいは理想であるがゆえに、過去に存在すべきでない。なぜなら、過去の個別の事例について「あれは真の愛だった」と言い立てても、それは却って過去の栄光の幻想への固執になるだろうからだ。愛は未来に置かれて初めて意味をもつ。愛は困難な「挑戦」であるからこそ意義深い。《あなたは真の愛を生きるか》と未来から問いかけること――これが「真の愛」という理念の本来的役割である。

それゆえ――すでに触れた点だが――自分の個別的体験について「あれは真の愛だった」と確言することは真の愛との適切な関わり方ではない。だがそうなると《私たちは真の愛とどのように関わるべきか》と問われるだろう。この問いへの答えは「意志」の概念を召喚する。すなわち、真の愛は理念であるがゆえに、私たちは真の愛を意志せねばならない、と。

周知のとおり《善は理念であり、私たちは善を意志せねばならない》というのはカント的テーゼだが、苫野は愛において同様の連関を看取する。曰く、

「愛」もまた、「善」と同じく高度に〝理念的〟な概念である。それゆえわたしたちは、意志をもってだれかを愛することができるし、意志のないところに〝真の愛〟は成立しないとさえ言える。(二〇七頁)

自己犠牲的献身を生きようとすること。こうした意志がなくては(愛は理念として未来に置かれるので)真の愛を実践することはできない、と苫野は主張する。真の愛は意志の能作を要求する。例えば完全に受動的な姿勢で生きるひとは、愛着や性欲の情念に襲われることはあっても、「愛する」ことはできないだろう。こうした意味で苫野は「〝真の愛〟は、このような意志によってこそ真に〝真の愛〟となる」と述べる(二〇八頁)。このように、真の愛への私たちの適切な関わり方を形成するものは「意志」である。私たちは真の愛を意志せねばならない。この意味で――苫野曰く――《愛は意志である》という言明は「完全に正しい」(二〇六頁)。

苫野は愛の「能動的」アスペクトを重視している、という点は本書の文脈において見逃すわけにはいかない。真の愛は自己犠牲であるので、後でも述べるように、愛における意志は決して〈自己を他へ押しつけていくこと〉ではない。とはいえ、ひとが能動の完全な欠如に落ち込んでしまえば、愛することは可能ではなくなる。極限的な地点においては

「する」という能動はなおも重要であり、苫野はこうした極限点を見定めている。愛は意志である、とすぐ右で言われたが、このテーゼにかんしては注意点がひとつある。例えば心の中で「愛するぞ！」と独言するだけで真の愛が実践されうるのかといえば、もちろん「否」である。〈愛を意志する〉というのは決して心の中だけの所作ではない。むしろ、愛する相手と時間をかけて関わり合うこと、そして或る種の「辛抱強さ」をもってこうした関わり合いを継続すること、こうしたことが〈愛を意志すること〉の一部である。それゆえに苫野は「『愛』は意志をもって育て上げるもの」だとも言う（二一五頁）。〈育む〉という時間的行為もまた真の愛にとって必要なのである。

議論の全体をまとめよう。

「私は真の愛を体験した」とか「私は真の愛を所有している」というのは「真の愛」という言葉にふさわしい用法ではない。なぜならこうした言い回しは愛の理念性を看過することの裏返しであるからだ。愛は体験や所有物というよりも行為である。すなわちそれは「あったこと」や「もちもの」ではなくむしろ「すること」である。《はたしてあなたは愛するか》という未来からの問いかけに意志でもって応じること――これが真の愛に対する適切な関わり方である。それゆえ愛は試練でもある。

『愛』の「あとがき」で言及された苫野の「末の娘」がどうなったかは――前にも一度

述べたように——私は知らない。あのエピソードを思い出すたびに恐れと慄きが生じる。とはいえ『愛』の議論の全体から言えそうなことがある。それは、苫野は今日このときもその子に自分の身を捧げようと意志しているだろう、ということだ。これはこの哲学者がその子への真の愛を生きんとしているということを意味する。

真の愛の実践としての哲学

本章の締めくくりとして前章までに取り上げた五人の哲学者の考えと苫野のそれとを突き合わせてみたい。

國分・青山・千葉・伊藤・古田のそれぞれの議論は多かれ少なかれ〈意志的コントロール〉という概念に批判的であったが、苫野は《真の愛は意志を要求する》と考える点で〈意志〉に積極的な役割を認める。とはいえ苫野の思想と他の五人のそれぞれの立場のあいだに衝突はない。それらは、さまざまなニュアンスの違いを含みつつも、根本においてうまく接合する。

押さえるべきは、苫野の「真の愛」において意志される事柄は自己犠牲的献身という一種のエゴイズムの乗り越えだ、という点である。それゆえ、真の愛への意志においては、《私が自分の意図を実現する》という我執の態度はむしろ抑えられる。したがって真の愛を意志することとは、掘り下げて言えば、通常の意味の「意志」を乗り越えることを含む。より分かりやすい点を強調すれば次である。すなわち、意図的なコントロールへのこだわりから離れない限り、ひとは他者の自律を尊重する真の愛を生きることができない、と。

この点に鑑みれば苫野の議論もまた不自由論の指向を具えると言える。なぜならそこでは〈自己の意図を実現する〉という意味の自由が揚棄されるからである。このように苫野の『愛』には或る種の「意志」概念の批判という側面もあり、この点で他の五人の哲学者と軌を一にする。

とはいえ――ここからが重要であるが――苫野の思想はいわば〈自由への誘い〉も含む。真の愛において、愛する者は相手の存在によって自分が今此処にいる意味を満たし、それによって本当の自分に成る。それゆえ自己犠牲的献身は決してたんなる自己否定に尽きない。そこには自己肯定の側面がある。より正確には〈自分への拘りから離れることによってよりいっそう自分らしくなる〉という弁証法的連関がある。したがって真の愛はひとを自由にすると言える。なぜなら〈本当の自分に成ること〉は「自由」という語が表現しうる深い事柄のひとつだからだ。

以上のように苫野の不自由論は最終的に深い次元の自由の肯定につながるが、こうした

〈不自由から自由へ〉という転換は他の五人の哲学者にも見られる。例えば國分の中動態・千葉の非意味的切断・伊藤の生成的コミュニケーションという概念はそれぞれ、意志的コントロールへの過信を批判することによって、ひとを「より自由に」する。また青山の無自由の概念は《ひとは自由意志をもつ》という「思い込み」から私たちを自由にしてくれるだろう。こうした意味でこの時間の哲学者は「無自由への自由」を語っていると言える。あるいは、古田の論じる〈迷ったうえで語を選び取る〉という態度はひとをいったん逡巡の過程に投げ入れるが、これによって常套句の使用に起因する思考停止から自由になれる。このように――この点はすぐ後の「おわりに」で再度強調するが――不自由論は〈自由への道〉でもある。

苫野は真の愛を「自己犠牲的献身」という表現で特徴づけたが、本書に登場する六人の哲学者はみなこの真の愛を実践していると言える。苫野は真の愛の向かう対象としてもっぱら人間を想定しており、この想定には正当性がないわけではないが、それでも彼の言う「真の愛」は「哲学（philosophy）」という語に含まれる「知への愛」へ応用できるだろう。六人の哲学者はそれぞれ自己の存在を知の営みに捧げ、それによって独自の言葉を紡ぎ出し、同時に哲学それ自体を豊かにしている。――この指摘は私たちへの問いかけと解釈されるのがよいだろう。あなたはどうか、すなわちあなたは知を、哲学を、愛するか、と。

おわりに　自由のための不自由論

全体の再確認

　ここまで國分・青山・千葉・伊藤・古田・苫野のそれぞれの議論を見てきたが、重複を厭わずそれぞれの要点を再確認しよう。以下、六人の考えを順に振り返るが、「意志」概念が各自の仕方で批判されている点に注目されたい。

　國分は、中動態という言語的古層へ遡り、《主体が活動の過程に巻き込まれている》という事態へ読者の目を向けさせる。「中動態」という概念を通して人間を観察すれば、私たちの生には荒波のうえで船を操舵するような側面があると言える。それゆえ〈行為の開始点としての意志〉という「意志」の理解は少なくとも一面的である。そして――國分がスピノザの議論に即して指摘する点だが――私たちは、自分の生の不自由を認識するときのほうが、よりいっそう自由になれる。

　青山は、「あなた」などの二人称的表現を用いる言語的コミュニケーションに人間の自由の源泉を見出しつつ、こうした人間的枠組みを超えた境地の「無自由」を指摘する。じっさい分岐問題を考察すれば、「決める」という概念がはらむ不条理が判明する。とはいえ――これが青山の指摘のひとつだが――それにもかかわらず私たちは、人間として生きる限り、ひとを自由と見なさざるをえない。この意味で私たちは「自由意志」の概念に縛られていると言える。

千葉は、環境のノリが私たちを束縛するという事態に注目し、勉強を〈既存のノリから自由になって別のノリへ移行すること〉という生成変化として特徴づける。そして《コードをどの方向へズラせばよいのか》という問いに対しては、《たまたま自分がもっているこだわりに身を任せるのがよい》と答える。結果を意志的にコントロールしようとするよりも、偶然性を活用するほうが創造性は増す――こうした「非意味的切断の善用」こそが千葉の奨励するものだ。

伊藤は、身体をめぐる考察を通じて、〈他者が自己へ入り込む余地を除き去らない〉という他者性の倫理を提示する。互いに交じり合うやり取り（例えば自己の身体との対話や接触的コミュニケーション）においては、各人は自己の意志を最優先すべきでない。むしろ――伊藤の中心的主張だが――意志を他へ押しつけるという姿勢を脱し、《特定の誰かが事柄の意味を意図的に決定する》ということのない生成的コミュニケーションに参入することが「よきふれ合い」にとって肝要である。

古田は、常套句の無批判的使用が思考停止を引き起こすことを踏まえ、しっくりいく表現をめぐって迷うことの倫理的重要性を指摘する。押さえるべきは、しっくりいく言い回しは話し手の意志のコントロールのもとで計画的に作り出されるものではなく、むしろそれは言語の側から到来する、という点だ。私たちは、言葉に自分の意図する意味を押しつける（例えば閣議決定によって言葉の意味を指定するなど）のではなく、言語の伝統を尊重しながらよい表現の「訪れ」を待たねばならない。

苫野は《愛は理念であり、愛することは意志することだ》と考える。すなわち愛は、たんなる感情や出来事ではなく、行為である。その一方で、真の愛において意志されることは「自己犠牲的献身」であり、ここでの「意志」は自分の意志を押しつけるという低次の「意志」概念を乗り越えたものだ。それゆえ、苫野において「意志」はその積極的な意義を肯定されるのであるが、それは同時に〈我執的な意志〉を退けることでもある。

このように――あらかじめ述べた点だが――本書で取り上げた哲学者はそれぞれの仕方で「意志」概念を批判する。それゆえこの六人のやっていることを「不自由論」で括ることには十分な根拠がある。

だがこうなると以下の問いが生じる。いったいJ哲学の最前線が不自由論に取り組んでいることにはどのような意味があるのか。はたして日本の哲学と不自由論のあいだには何かしら必然的な繋がりがあるのだろうか。「おわりに」の残りの箇所では、第一にこうした問いに答え、そのうえで第二にJ哲学のこれからを語りたい。

〈不自由への眼差し〉を基調とする二〇一〇年代のJ哲学

「はじめに」でも強調したように、J哲学は「和」へのこだわりを有さない。すなわち、土着と輸入の二分法的な対立を離れ、限定修飾句なしの「哲学」に日本で取り組むのがJ哲学である。それゆえ、たとえ本書で取り上げたJ哲学の六人の哲学者が「不自由論」という共通点をもつとしても、それは「和」と「不自由」のあいだに本質的関連があることを意味しない。それゆえ例えば、和的な思考は（自由よりも）不自由へ目を向ける、などと言ったとしてもその記述には不正確さのほうが多く含まれる。

では本書が明らかにしたことは何か――この問いへ答えるには逆に考えたほうがよい。あるいは、事態を思想史の観点から語ったほうがよい、と言える。押さえるべきは以下だ。

たしかに「和」と「不自由」のあいだに前もっての繋がりはないのだが、本書の叙述が示すように、二〇一〇年代の日本の哲学の最前線は、事実として、「意志」概念の批判的考察を通じて人間の不自由に目を向けてきた。それゆえ思想史的には、二〇一〇年代の日本の哲学は「不自由への眼差し」で特徴づけられる。この成果が二〇二〇年代でどう継承されるかは、今後一〇年の動き次第である（例えばひょっとすると二〇二〇年代は打って変わって「自由への集中的な眼差し」が生じるかもしれない）。いずれにせよ二〇一〇年代の「和」の哲学は結果として〈不自由へ目を向けること〉として生成したと言える。

同じことを別の角度から述べよう。本書が提示するものは日本哲学の現代史の一部である。國分・青山・千葉・伊藤・古田・苫野は二〇一〇年代に哲学のいわばポピュラー面へ姿を現した作家たちだが、本書で行なわれたのは《このひとたちが何を行なったのか》の思想史的記述である。一九九〇年代やゼロ年代の日本哲学をどう記述するかはいまだに問題であり続けているが、その叙述は——本書の叙述から帰結することだが——二〇一〇年代の不自由論へ接続するものとして構成されうるだろう。

こうした点はたいへん重要なのでもう一度だけ敷衍したい。

本書は、二〇一〇年代のJ哲学の代表的な流れは「不自由論」として特徴づけられる、と主張する。《なぜ不自由がフィーチャーされるのか》への答えには出口の見えない経済的低迷などが関わるかもしれない。あるいは薬物依存症などの精神と身体をめぐる不自由への顧慮がこ一〇年ほどの不自由論を喫緊のものにしている可能性もある。哲学の個別的活動は時代の特性に多かれ少なかれ縛られるので、不自由な世代の私たちはどうしても不自由を無視することができない。とはいえ哲学には時代を超越する面があり、本書で取り上げた哲学者はそれぞれ〈不自由〉をめぐる根源的洞察を提示している。それゆえ二〇一〇年代の不自由論は時を経ても繰り返し省みられるはずだ。

さらなる哲学者たちの不自由論

二〇一〇年代に不自由を論じた哲学者は本書で取り上げた六人に限らない。私自身もそれに取り組んだと自負しているが、それを紹介するのは手前味噌になるので、ここでは他の論者が公にした著作をいくつか挙げたい。

浅野光紀の『非合理性の哲学——アクラシアと自己欺瞞』（新曜社、二〇一二年）は分析哲学のコンテクストで私たちの「非合理的な行為」を主題とするが、そこでも〈自由のための不自由論〉が切れ味鋭く提示される。浅野が考察の対象とするのは食べ過ぎや散財などの〈やってはいけないと知りながらやってしまう行為〉であるが、彼はこうした事象の積極面を抉り出す。より詳しくは以下。

いけないとは知りながら食べ過ぎてしまう、倹約せねばならないのに金を使い過ぎてしまう、などの行為は或る意味で「不自由」だ。それゆえ私たちは食べ過ぎや散財を純粋に否定的なものと見がちである。だが、浅野の議論によれば、必ずしもそうではない。散財なども個々人の人生のうちで積極的な意味をもちうる。なぜなら〈節約せねばならないのに金を使ってしまい後で自己嫌悪に陥る〉というのは、それ自体で、改善に向けた一歩だからだ。じっさい私たちはこうした苦い失敗を繰り返し、そのもとでようやく成長する。意志の弱さと成長はともに一連の人間的事象の構成素である。こうした人間理解を可能にするのが、そして或る種の「不自由」の積極的意義づけを可能にするのが、浅野の議論の注目すべき側面である。

野崎泰伸の『「共倒れ」社会を超えて――生の無条件の肯定へ！』（筑摩選書、二〇一五年）は、《私たちは身体障碍や精神障碍という事柄とどのように向き合うか》を考察する倫理学書である――私はここに〈自由のための不自由論〉の深い思索が見出されうると考える。

野崎の考えでは、現代倫理学の有力な立場のひとつである「功利主義」は《多数派のために誰かが犠牲になる》という事態を許容しうる思想だ。とはいえ――立ち止まって考えれば――《誰かが犠牲になる》という可能性に抗することこそが倫理学の本来の仕事ではないか。私たちは決して〈優先すべき生〉と〈優先すべき生に対して席を譲るべき生〉とを分けてはならない。むしろ、各人が「自分とは異質な生」を無条件的に肯定し（一四七頁）、そのもとでの支え合いが可能となるような社会を目指さねばならない。障碍者を排除する社会は〈犠牲の構造〉の上に成り立っており却って「不自由」だ、という野崎の指摘は私たちを別の仕方の社会の構想へ誘うだろう。

宮野真生子と磯野真穂の共著『急に具合が悪くなる』（晶文社、二〇一九年）も随所に〈自由のための不自由論〉を看取できる著作だ。これはがん闘病中の宮野と医療人類学に取り組む磯野の「往復書簡」を一冊の本にしたものであり、特定の主張を押し出すものではない――とはいえ長年にわたって偶然性について思索してきた宮野の言葉は、人間の自由と不自由の核心的なところに触れる（それに応じる磯野の瞬発力も見ごたえがある）。例えば同書の終盤で宮野は「選択」と「偶然」をめぐって次のように語る。

選択とは偶然を許容する行為であるし、選択において決断されるのは、当該の事柄ではなく、不確定性／偶然性を含んだ事柄に対応する自己の生き方であるということ。◯◯な人だから△△を選ぶ、のではなく、△△を選ぶことで自分が◯◯な人であることが明らかになる。**偶然を受け止めるなかでこそ自己と呼ぶに値する存在が可能になる**のだと。（二二九頁、ただし太字強調は原著者による）

この言葉が紡がれるまで二人の著者は長いやり取りを重ねており、じっさいにはそちらのやり取りこそが重要なのであるが、《選択とは偶然を受け止めることだ》という引用の指摘はそれだけでも示唆に富む。私たちは「選択」ということで《特定の性格をもつ人物が自分の好むものを選ぶ》という事態を想像しがちだが、それは一面的なイメージに過ぎない。むしろ、降りかかる偶然性を受け止め、それによって特定の生き方の自己に成る、という深い意味の「選択」もある。宮野さんもこうした選択を生きたのであろう。

以上はあくまで少数の例に過ぎないが、それでも本書の第一章から第六章までの叙述と併せると、《二〇一〇年代は不自由論の時代であった》というテーゼの部分的な証拠になるだろう。じっさい本書で主題的に論じることのできなかった不自由論の著作は多数存在しており、私も再度機会があればそれらを論じてみたい。

まとめとして《二〇一〇年代のＪ哲学の不自由論がどのようなものであったか》を一般的な水準で総括しておこう。

この思潮における不自由論は人間の不自由なあり方へ目を向けるが、その究極の目標は私たちが「より自由に」成ることをサポートすることだと言える。本書の六人の哲学者はそれぞれ「意志」や「意志」の概念を批判したが、その議論もこうした文脈――すなわち〈自由のための不自由論〉の文脈――で理解されるべきだ。ひとはしばしば自己の意志に頼むことによって却って不自由になる。例えば（依存症や他者関係などの）自分が意図的にコントロールしきれない事柄において《なぜ自分はうまくできないのか?!》と悩むことは自分を縛ることに繫がるだろう。そしていったん意志を「諦める」とき、逆説的に、活路は開かれうる。「私は……をするぞ」と意図にこだわるのとは別の仕方で「意志」し、自由になること——これがJ哲学の最新の思潮が追究してきたことだ。

J哲学の今後の展望

二〇一〇年代の日本の哲学が「不自由への眼差し」で特徴づけられるとして、今後の哲学はどうなるのか。締めくくりとしてJ哲学のこれからについて手短に論じよう。

例えば次の一〇年（すなわち二〇二〇年代）の日本の哲学の最前線はどう展開するか。これは——先にも述べたように——今後の動き次第である。歴史は偶然性の関与のもとで進展するので、これから出てくる思潮を予測することは原理的に不可能だ。もしかすれば不自由論がさらに深められるかもしれないし、あるいは新たなテーマが前景に躍り出るかもしれない。いずれにせよ未来のJ哲学は事後的に記述されるしかない。

他方で、私はJ哲学の進む道に関して期待をふたつ有しているので、それについて語っておきたい。決して——後でも強調するように——私の願望をみなに押しつけることはできないのだが、それでもそれを表明しておくことには意味があるだろう。

ひとつめはいわゆる「分析哲学」と「大陸哲学」の区別に関わる期待だ。

周知のとおり、現代哲学においては英語で実践される「分析哲学」とフランス語やドイツ語などで行なわれる「大陸哲学」とが対立している、と言われることがある。例えば——卑近な話だが——業界の或る界隈では「分析哲学は浅い」と腐されたり、別の界隈では「現代の大陸哲学はこけおどしだ」と貶されたりする。かなり単純化した描写だが、近現代の哲学の複雑な流れの中で「分析系／大陸系」の区別が形成され、各々の哲学者は一方のブランチの価値観を受け入れながら哲学に取り組んできた、と言える。

私自身について言えば、修士課程の全体および博士課程の前半には「大陸哲学」を学ぶグループで勉強し、博士課程の後半は「分析哲学」を学ぶ集まりで修行した（この話題は拙著『哲学トレーニングブック——考えることが自由に至るために』（平凡社、二〇二〇年）でも触れた）。結果として、「分析系／大陸系」の区別はいわば私の思考の身体に深く根を下ろした。なぜなら、少なくともゼロ年代の半ばごろまではふたつのブランチはめったに交わることがなく、両方に関わった私はまさに「グループ間移動」を体験したからだ。哲学に少なくともふたつの流派がある、という命題は私にとってリアリティがある。いまでも自分の部屋の本棚を眺めれば、《私が疑問を感じることなく分析系の棚と大陸系の棚を分けている》という事実に気づく。

とはいえ、現在の日本の哲学界では「分析系／大陸系」の垣根が徐々に取り去られる、という過渡的プロセスが生じていると思われる。これは例えばアメリカでスタンリー・カヴェルのような「分析系か、大陸系か」という問いを無効にするような哲学者が現れているという現象への（遅ればせの）日本的呼応であるかもしれない。いずれにせよ、「分析哲学者は分析哲学者らしく！」などの規範はだんだんと弱まってきている。

　私は本書がこうした流れ――「分析系／大陸系」の区別が緩んでいく流れ――を後押しすることを期待している。本書には、「大陸系現代思想」の看板で括られうる國分功一郎や千葉雅也、「分析哲学」の枠に分類されうる青山拓央や古田徹也、「ドイツ哲学」や「現象学」のフレイバーの強い苫野一徳、さらには「医療的」であり「アート的」でありときに「科学的」である独特な伊藤亜紗、といった多方面の哲学者が登場する。そして本書は六人の議論が（狭い意味の分野の垣根を超えて）互いに大いに関連していることを確認した。六人の哲学者はそれぞれ越境的であり、その思索を集めた本書は現在進行中の〈哲学の越境〉というトレンドを加速させうるのではないか。

　私の希望を繰り返せば次だ。今後のJ哲学は「分析系／大陸系」の区別をより緩やかなものにする方向へ進んでほしい、と。とはいえ――重要な留保だが――「分析系」や「大陸系」という枠組みはしばらくのあいだその教育効果を保持するだろう。すなわち哲学の初学者はいずれかの枠組みに腰を据えてその分野の思考の型を学ぶのがよい。なぜなら、そのようにして学ばれた型はいずれ乗り越えられるべきものになるが、型を破壊するためにもまずは特定の型を自家薬籠中のものにしておかねばならないからだ。もちろん「分析系／大陸系」の区別はいつしかそうした教育的効果も失うかもしれない。とはいえ当分のあいだは「分析系」などの看板の有意味性は残留するはずだ。

こうした注意点はあるものの、これからのＪ哲学は「分析系」や「大陸系」というレッテルにますますこだわらなくなっていく、というのが私の希望である。なぜそう希望するかといえば、長きにわたって受けいれられてきた区別が過去の遺物になるとき、新たな何かが生まれることが期待できるからだ。《その新しいものが何か》はじっさいにやってみるまでは分からない。逆に、それを見てみたいのであれば、「分析系／大陸系」の区別を脱構築する営みを続けるしかない――私自身はそれを続けていく所存だ。

以上はあくまで私の希望であり、先にも触れたように、これを他のひとへ一方的に押しつけるわけにはいかない。思うに、哲学はそれ自体で伊藤の言う「生成的コミュニケーション」である。それゆえ私はむしろ「対話」の過程に身を置かねばならないだろう。ひょっとしたら私の現在の希望は、あなたの考えからの刺激を受けて、違ったものへ変化していくかもしれない。そして、私たちの相互的なやり取りの中で、例えば二〇二〇年代のＪ哲学は生成してくるだろう。この地道な作業に人生の時間を賭けることは私自身の望むところである。

J哲学の今後についてはもうひとつ期待がある。それは、二〇一〇年代に鍛え上げられた〈自由のための不自由論〉の思想が専門の枠を超えて実践の現場で役立てられる、という期待だ。哲学の議論はしばしば抽象的な次元を行ったり来たりするが、それは決して生の現場から遊離することを意図してはいない。それはむしろ、概念を洗練させたうえで、生の現場へ立ち戻る。哲学はつねに人間生活との関わりの中で実践され、ときに私たちの生き方や社会のあり方を変える。〈自由のための不自由論〉にもその力はある、と私は考えている。

例えば――示唆的な事例のひとつだが――千葉の言う「非意味的切断の善用」はさまざまな応用可能性をもつ。千葉自身がこの概念の追い風を得て小説家へ生成したように、偶然性の波に乗ることは変化の喜びの増大に繋がるだろう。あるいは國分のフィーチャーする「中動態」概念は、主体性や責任をめぐる捉え方の再考を促し依存症の理解へ寄与しうるだろうし、また新自由主義的な「自己責任」概念への批判の土台になるかもしれない。「自己責任」はしばしば《何かあってもあなたを助けません》という切り捨てのために用いられる語だが、支え合いの中動態的過程こそが社会の実相ではなかろうか。

J哲学の不自由論は或る種の「変革」の推進力をもつ、と私は考える。これは人間社会がその中に蔵する変革のポテンシャルへの私の期待の表明でもある。私たちの社会よ、私も努力するので、汝も生成変化せよ！

＊　＊　＊

最後に、本書を閉じるにあたって、記しておくべきことを記したい。

本書の企画は編集者の栗原一樹氏が私に《J哲学で何か書いてみないか》と提案したことに起源をもつ。私がときどき使っていた「J哲学（J‐PHIL）」という語へ彼の直感が呼応した、ということだ。たいへんよいタイミングであった。なぜなら、私のほうでも、二〇一〇年代の日本の哲学にかんしてぜひとも書きたいことが蓄積していたからである。けっきょく、本書は過去一〇年の日本哲学を一貫した視座のもとで叙述する著作に仕上がったと自負しているが、すべては栗原氏が編集者としてもつ勘のおかげで始まったことである。記して御礼に代えたい。

本書のゲラができた段階で哲学研究者の岡田悠汰氏と下山千遥氏（それぞれ京都大学大学院人間・環境学研究科の博士後期課程および博士前期課程に在籍）に目を通してもらい修正に繋がる指摘を多く頂いた。なおも残存する本書の瑕疵はすべて私に責任があるが、公刊された文章はふたりの努力によって実質的によりよいものになった。ありがとう、岡田くん、下山さん。

本書で取り上げた國分功一郎・青山拓央・千葉雅也・伊藤亜紗・古田徹也・苫野一徳のうちには知り合いもいればそうでないひともいる。この六人には御礼を述べる必要はないだろうし、むしろ私は非礼を働いたと自覚している。なぜなら私は本書でもって六人のそれぞれを位置づけ、各々を特定の特徴で「縛って」いるからである。六人の中にはもしかすると《なるほど山口は自分をこう規定するのか——それならば次の仕事でそれを裏切ってやる》と考えるひとがいるかもしれない。それも面白い。そうなれば、こちらはこちらでふたたび著作を読み込んで《このひとの思想はこう転回した》と再規定するだろう。真の思索が展開される限り、私はそれを追わないわけにはいかない。

N.D.C. 121　208p　18cm
ISBN978-4-06-524295-7

講談社現代新書　2627

日本哲学の最前線

二〇二一年七月二〇日第一刷発行

著者　山口　尚　© Sho Yamaguchi 2021

発行者　鈴木章一

発行所　株式会社講談社
東京都文京区音羽二丁目一二―二一　郵便番号一一二―八〇〇一

電話　〇三―五三九五―三五二一　編集（現代新書）
〇三―五三九五―四四一五　販売
〇三―五三九五―三六一五　業務

装幀者　中島英樹

印刷所　株式会社新藤慶昌堂

製本所　株式会社国宝社

定価はカバーに表示してあります　Printed in Japan

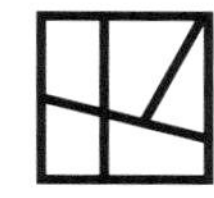

「講談社現代新書」の刊行にあたって

教養は万人が身をもって養い創造すべきものであって、一部の専門家の占有物として、ただ一方的に人々の手もとに配布され伝達されうるものではありません。

しかし、不幸にしてわが国の現状では、教養の重要な養いとなるべき書物は、ほとんど講壇からの天下りや単なる解説に終始し、知識技術を真剣に希求する青少年・学生・一般民衆の根本的な疑問や興味は、けっして十分に答えられ、解きほぐされ、手引きされることがありません。万人の内奥から発した真正の教養への芽ばえが、こうして放置され、むなしく滅びさる運命にゆだねられているのです。

このことは、中・高校だけで教育をおわる人々の成長をはばんでいるだけでなく、大学に進んだり、インテリと目されたりする人々の精神力の健康さえもむしばみ、わが国の文化の実質をまことに脆弱なものにしています。単なる博識以上の根強い思索力・判断力、および確かな技術にささえられた教養を必要とする日本の将来にとって、これは真剣に憂慮されなければならない事態であるといわなければなりません。

わたしたちの「講談社現代新書」は、この事態の克服を意図して計画されたものです。これによってわたしたちは、講壇からの天下りでもなく、単なる解説書でもない、もっぱら万人の魂に生ずる初発的かつ根本的な問題をとらえ、掘り起こし、手引きし、しかも最新の知識への展望を万人に確立させる書物を、新しく世の中に送り出したいと念願しています。

わたしたちは、創業以来民衆を対象とする啓蒙の仕事に専心してきた講談社にとって、これこそもっともふさわしい課題であり、伝統ある出版社としての義務でもあると考えているのです。

一九六四年四月　野間省一

哲学・思想I

哲学・思想Ⅱ

13 論語――貝塚茂樹
285 正しく考えるために　岩崎武雄
324 美について――今道友信
1007 日本の風景・西欧の景観――オギュスタン・ベルク　篠田勝英 訳
1123 はじめてのインド哲学　立川武蔵
1150 「欲望」と資本主義――佐伯啓思
1163 「孫子」を読む――浅野裕一
1247 メタファー思考――瀬戸賢一
1248 20世紀言語学入門　加賀野井秀一
1278 ラカンの精神分析――新宮一成
1358 「教養」とは何か――阿部謹也
1436 古事記と日本書紀　神野志隆光
1439 〈意識〉とは何だろうか　下條信輔
1542 自由はどこまで可能か　森村進
1544 倫理という力――前田英樹
1560 神道の逆襲――菅野覚明
1741 武士道の逆襲――菅野覚明
1749 自由とは何か――佐伯啓思
1763 ソシュールと言語学――町田健
1849 系統樹思考の世界――三中信宏
1867 現代建築に関する16章　五十嵐太郎
2009 ニッポンの思想――佐々木敦
2014 分類思考の世界――三中信宏
2093 ウェブ×ソーシャル×アメリカ　池田純一
2114 いつだって大変な時代――堀井憲一郎
2134 いまを生きるための思想キーワード――仲正昌樹
2155 独立国家のつくりかた　坂口恭平
2167 新しい左翼入門――松尾匡
2168 社会を変えるには――小熊英二
2172 私とは何か――平野啓一郎
2177 わかりあえないことから　平田オリザ
2179 アメリカを動かす思想　小川仁志
2216 まんが　哲学入門――森岡正博　寺田にゃんこふ
2254 教育の力――苫野一徳
2274 現実脱出論――坂口恭平
2290 闘うための哲学書――小川仁志　萱野稔人
2341 ハイデガー哲学入門　仲正昌樹
2437 ハイデガー『存在と時間』入門――轟孝夫

Ⓑ

知的生活のヒント

78 大学でいかに学ぶか　増田四郎
86 愛に生きる――鈴木鎮一
240 生きることと考えること　森有正
297 本はどう読むか――清水幾太郎
327 考える技術・書く技術――板坂元
436 知的生活の方法――渡部昇一
553 創造の方法学――高根正昭
587 文章構成法――樺島忠夫
648 働くということ――黒井千次
722 「知」のソフトウェア――立花隆
1027 「からだ」と「ことば」のレッスン――竹内敏晴
1468 国語のできる子どもを育てる――工藤順一
1485 知の編集術――松岡正剛
1517 悪の対話術――福田和也
1563 悪の恋愛術――福田和也
1620 相手に「伝わる」話し方　池上彰
1627 インタビュー術!――永江朗
1679 子どもに教えたくなる算数　栗田哲也
1865 老いるということ――黒井千次
1940 調べる技術・書く技術――野村進
1979 回復力――畑村洋太郎
1981 日本語論理トレーニング――中井浩一
2003 わかりやすく〈伝える〉技術――池上彰
2021 新版 大学生のためのレポート・論文術――小笠原喜康
2027 地アタマを鍛える知的勉強法――齋藤孝
2046 大学生のための知的勉強術――松野弘
2054 〈わかりやすさ〉の勉強法――池上彰
2083 人を動かす文章術――齋藤孝
2103 アイデアを形にして伝える技術――原尻淳一
2124 デザインの教科書――柏木博
2165 エンディングノートのすすめ――本田桂子
2188 学び続ける力――池上彰
2201 野心のすすめ――林真理子
2298 試験に受かる「技術」――吉田たかよし
2332 「超」集中法――野口悠紀雄
2406 幸福の哲学――岸見一郎
2421 牙を研げ 会社を生き抜くための教養　佐藤優
2447 正しい本の読み方　橋爪大三郎

日本史Ⅰ

日本史Ⅱ

2319 昭和陸軍全史3 —— 川田稔
2328 タモリと戦後ニッポン　近藤正高
2330 弥生時代の歴史 — 藤尾慎一郎
2343 天下統一 —— 黒嶋敏
2351 戦国の陣形 —— 乃至政彦
2376 昭和の戦争 —— 井上寿一
2380 刀の日本史 —— 加来耕三
2382 田中角栄 —— 服部龍二
2394 井伊直虎 —— 夏目琢史
2398 日米開戦と情報戦 — 森山優
2401 愛と狂瀾のメリークリスマス　堀井憲一郎
2402 ジャニーズと日本 — 矢野利裕
2405 織田信長の城 —— 加藤理文
2414 海の向こうから見た倭国　高田貫太
2417 ビートたけしと北野武　近藤正高
2428 戦争の日本古代史 — 倉本一宏
2438 飛行機の戦争 1914-1945 —— 一ノ瀬俊也
2449 天皇家のお葬式 —— 大角修
2451 不死身の特攻兵 —— 鴻上尚史
2453 戦争調査会 —— 井上寿一
2454 縄文の思想 —— 瀬川拓郎
2460 自民党秘史 —— 岡崎守恭
2462 王政復古 —— 久住真也

日本語・日本文化

105 タテ社会の人間関係　中根千枝
293 日本人の意識構造──会田雄次
444 出雲神話──松前健
1193 漢字の字源──阿辻哲次
1200 外国語としての日本語──佐々木瑞枝
1239 武士道とエロス──氏家幹人
1262 「世間」とは何か──阿部謹也
1432 江戸の性風俗──氏家幹人
1448 日本人のしつけは衰退したか──広田照幸
1738 大人のための文章教室　清水義範
1943 なぜ日本人は学ばなくなったのか──齋藤孝
1960 女装と日本人──三橋順子
2006 「空気」と「世間」──鴻上尚史
2013 日本語という外国語　荒川洋平
2067 日本料理の贅沢──神田裕行
2092 新書　沖縄読本──下川裕治 仲村清司　著・編
2127 ラーメンと愛国──速水健朗
2173 日本人のための日本語文法入門──原沢伊都夫
2200 漢字雑談──高島俊男
2233 ユーミンの罪──酒井順子
2304 アイヌ学入門──瀬川拓郎
2309 クール・ジャパン!?　鴻上尚史
2391 げんきな日本論──橋爪大三郎 大澤真幸
2419 京都のおねだん──大野裕之
2440 山本七平の思想──東谷暁